Poesía Bucólica

Recopilación de MIGAL

© EDIMAT LIBROS, S.A.

EDICIONES Y DISTRIBUCIONES MATEOS

Diseño de cubierta de VISIÓN GRÁFICA
Impreso en BROSMAC

ISBN: 84-95002-73-6   D.L.: M-1.604-1998

Impreso en España - Printed in Spain

PRÓLOGO

La poesía bucólica es uno de los géneros literarios que representa la vida campestre, todo lo que el poeta percibe y siente dentro del entorno que le rodea.

Todo poeta posee una aptitud especial para intuir la belleza natural y darle expresión por medio de su poesía. En esta pequeña antología de poesía bucólica hemos recuperado algunos poemas, de poetas importantes que nos han dejado su bello sentir por la belleza de la vida humana en íntimo contacto con la naturaleza.

GONZALO DE BERCEO
(1196-1264?)

EL ROMERO NAUFRAGADO

Sennores, si quisiéssedes   mientre dura el día,
d'estos tales miraclos   aún más vos dizría;
si vos non quessássedes   yo non me quessaría,
ca como pozo fonso   tal es Sancta María.

Tal es Sancta María   como el cabdal río.
que todos beven d'elli,   bestias e el gentío,
tan grand es cras como eri,   e non es más vazío,
en todo tiempo corre,   en caliente e en frío.

Siempre a acorre ella   en todos los lugares,
por valles e por montes,   por tierras e por mares;
que rogarla sopiesse   con limpios paladares,
no lo podríen torzones   prender a los ijares.

Leemos un miraclo   de la su santidat
que cuntió a un bispo,   omne de caridat,
que fo omne católico   de grand autoridat,
víolo por sus ojos,   bien sabié la verdat.

9

Assín como lo vió,   assín lo escribió,
non menguó d'ello nada,   nada non ennadió;
Dios li dé paraíso   ca bien lo mereció,
alguna missa disso   que tanto no'l valió.

Cruzáronse romeos   por ir en Ultramar,
saludar el Sepulcro,   la Vera Cruz orar;
metiéronse ennas naves   pora Acre passar,
si el Padre del Cielo   los quisiese guiar. […]

LA CASULLA DE SAN ILDEFONSO

En España cobdicio   de luego empezar,
en Toledo la magna,   un famado logar,
ca non sé de qual cabo   empieze a contar
ca más son que arenas   en riba de la mar.

En Toledo la buena,   essa villa real,
que yaze sobre Tajo,   essa agua cabdal,
ovo un arzobispo,   coronado leal,
que fue de la Gloriosa   amigo natural.

Diziénli Ildefonsso,   dizlo la escriptura,
pastor que a su grey   dava buena pastura,
omne de sancta vida   que trasco grand cordura,
que nos mucho digamos,   so fecho lo mestura.

Siempre con la Gloriosa   ovo su atenencia,
nunqua varón en duenna   metió mayor querencia
en buscarli servicio   metié toda femencia,
facié en ello seso   e buena providencia.
Sin los otros servicios,   muchos e muy granados,

10

los yazen en escripto,   éstos son más notados,
'izo d'ella un libro   de dichos colorados
le su virginidat   contra tres renegados.

'izol otro servicio   el leal coronado,
'ízoli una fiesta   en deciembre mediado.
La que cae en marzo,   día muy sennalado,
quando Gabrïel vino   con el rico mandado,

Quando Gabriel vino   con la messagería,
quando sabrosamientre   disso "Ave María",
e díssoli por nuevas   que parrié a Messía
estando tan entrega   como era al día.

EL POBRE CARITATIVO

Era un omne pobre   que vivié de razïones,
non avié otras rendas   nin otras furcïones
fuera quando lavrava,   esto poccas sazones:
tenié en su alzado   bien poccos pepiones.

Por ganar la Gloriosa   que él mucho amava,
partiélo con los pobres   todo quanto ganava;
en esto contendié   e en esto punnava,
por aver la su gracia   su mengua oblidava.

Quando ovo est pobre   d'est mundo a passar,
la Madre glorïosa   vínolo combidar;
fablóli muy sabroso,   querïélo falagar,
udieron la palavra   todos los del logar.

"Tú mucho cobdiciest   la nuestra compannía,
sopist pora ganarla   bien buena maestría,

11

ca partiés tus almosnas,	dizies 'Ave María',
por qué lo faziés todo	yo bien lo entendía.

Sepas que es tu cosa	toda bien acabada,
ésta es en que somos	la cabera jornada;
el "Ite missa est",	conta que es cantada,
venida es la ora	de prender la soldada.

Yo so aquí venida	por levarte conmigo,
al regno de mi Fijo	que es bien tu amigo,
do se ceban los ángeles	del buen candïal trigo;
a las Sanctas Virtutes	plazerlis há contigo."

Quando ovo la Gloriosa	el sermón acabado,
desamparó la alma	al cuerpo venturado,
prisiéronla de ángeles,	un convento onrrado,
leváronla al Cielo,	¡Dio sea end laudado!

Los omnes que avién	la voz ante oída,
tan aína vidieron	la promesa complida;
a la Madre gloriosa	que es tan comedida,
todos li rendién gracias,	quisque de su partida.

Qui tal cosa udiesse	serié malventurado
si de Sancta María	non fuesse muy pagado,
si más no la orrase	serié desmesurado,
qui de ella se parte	es muy mal engannado.

Aun más adelante	queremos aguijar:
tal razón como ésta	non es de destajar,
ca éstos son los árbores	do devemos folgar,
en cuya sombra suelen	las aves organar.

EL LADRÓN DEVOTO

Era un ladrón malo   que más querié furtar
que ir a la eglesia   nin a puentes alzar;
sabié de mal porcalzo   su casa governar,
usa malo que priso,   no lo podié dexar.

Si facié otros males,   esto no lo leemos,
serié mal condempnarlo   por lo que non savemos,
mas abóndenos esto   que dicho vos a vemos,
si ál fizo, perdóneli   Christus en qui creemos.

Entre las otras malas,   avié una bondat
que li valió en cabo   e dioli salvedat;
credié en la Gloriosa   de toda voluntat,
saludávala siempre   contra la su magestat.

Si fuesse a furtar,   o a otra locura,
siempre se inclinava   contra la su figura,
dizié "Ave María"   e más de escriptura],
enié su voluntad   con esto más segura.

Como qui en mal anda   en mal á a caer,
oviéronlo con furto   est ladrón a prender;
non ovo nul consejo   con qué se defender,
judgaron que lo fuessen   en la forca poner.

Levólo la justicia   pora la crucejada,
do estava la forca   por concejos alzada;
prisiéronli los ojos   con toca bien atada,
alzáronlo de tierra   con soga bien tirada.

Alzáronlo de tierra   quanto alzar quisieron,
quantos cerca estavan   por muerto lo tovieron:

si ante lo sopiessen   lo que depués sopieron,
no li ovieran fecho   esso que li fizieron.

La Madre glorïosa,   duecha de acorrer,
que suele a sus siervos   ennas cuitas valer,
a esti condempnado   quísoli pro tener,
membróli del servicio   que li solié fer.

Metióli so los piedes   do estava colgado
las sus manos preciosas,   tóvolo alleviado:
non se sintió de cosa   ninguna embargado,
non sovo plus vicioso   nunqua nin más pagado.

Ende al día terzero   vinieron los parientes,
vinieron los amigos   e los sus connocientes,
vinién por descolgallo   rascados e dolientes,
sedié mejor la cosa   que metién ellos mientes.

ANÓNIMO
(Fernán González)
(Siglo XII)

ELOGIO DE ESPAÑA Y DE CASTILLA

Por esso vos lo digo, que bien lo entendades,
mejor es d'otras tierras en la que vos morades,
de tod es bien conplida en la que vos estades;
dezir vos e agora quantas a de bondades.

Tierra es muy tenprada, sin grandes calenturas,
non faze en invierno destenpradas friuras,
non es tierra en mundo que aya tales pasturas,
árboles pora fruta siquier de mil naturas.

Sobre todas las tierras mejor es la Montaña,
de vacas e d'ovejas non a tierra tamaña,
tantos a í de puercos que es fiera fazaña;
sírvense muchas tierras de las cosas d'España.

Es de lino e lana tierra much abastada,
de çera sobre todas buena tierra provada,
non sería de azeite en mundo tal fallada,
Inglatierra e Françia, desto es abondada.

15

Buena tierra de caça e buena de venados,
de río e de mar muchos buenos pescados,
quien los quiere rezientes, quien los quiere salados,
son destas cosas tales pueblos muy abastados.

De panes e de vinos tierra muy comunal,
non fallarían en mundo otra mejor nin tal,
muchas de buenas fuentes, mucho río cabdal,
otras muchas mineras de que fazen la sal.

A í muchas veneras de fierro e de plata,
a í venas de oro, son de mejor barata,
a en sierras e valles mucha de buena mata,
todas llenas de grana pora fer escarlata.

Por lo que ella más val aún non lo dixemos,
de los buenos cavallos aún mención non fiziemos,
mejor tierra es de las que quantas nunca viemos,
nunca tales cavallos en el mundo non viemos.

Dexar vos quiero desto, assaz vos he contado,
non quiero más dezir, que podría ser errado,
pero no olvidemos del apóstol honrado,
fijo del Zebedo, Santiago llamado.

Fuertemient quiso Dios a España honrar,
quand al santo apóstol quiso í enviar,
d'Inglaterra e Francia quiso la mejorar,
sabet, non yaz apóstol en tod aquel lograr.

Onróle otra guisa el preçioso Señor,
fueron í muchos santos muertos por su amor,
de morir a cochiello non ovieron temor,
muchas vírgenes santas, mucho buen confessor.

Com ella es mejor de las sus vezindades,
sodes mejores quantos en España morades,
omnes sodes sesudos. mesura heredades,
desto por tod el mundo muy grand preçio ganades.

Pero de toda Spña Castiella es mejor,
por que fue de los otros el comienço mayor,
guardando e temiendo siempre a su señor,
quiso acreçentarla assí el Criador.

***

Entonces era Castiella un pequeño rincón,
era de castellanos Montes d'Oca mojón,
e de la otra parte Fitero el fondón,
moros tenían a Caraço en aquella sazón.

Era toda Castiella sólo un alcaldía
maguer que era pobre o de poca valía,
nunca de buenos homnes fué Castiella vazía,
de cuáles ellos fueron paresce hoy en día.

Varones castellanos éste fué su cuidado:
de llegar su señor al más alto estado.
De un alcaldía pobre fiziéronla condado,
tornáronla después cabeça de reinado.

Hobo nombre Fernando el conde de primero,
nunca fué en el mundo otro tal caballero,
éste fué de los moros un mortal homicero,
dizíenle por sus lides el bueitre carnicero.

JUAN RUIZ
EL ARCIPRESTE DE HITA
(1283-1350)

ENXEMPLO DE LA ABUTARDA DE LA GOLONDRINA

Érase un caçador, muy sotil paxarero,
fue senbrar cañamones en un vicioso ero,
para fazer sus cuerdas e sus lazos el redero;
andaba el abutarda cerca en el sendero.

Dixo la golondrina a tórtolas e pardales,
e más al abutarda estas palabras tales:
"Comed esta semiente de aquestos eriales,
que es aquí senbrada por nuestros grandes males."

Fezieron grant escarnio de lo que fablava,
dixerónde que s' fuese, que locura chirlava.
La semiente nascida, vieron como regava
le caçador el cáñamo e non las espantava.

Tornó la golondrina e dixo al abutarda
que arrancase la yerva, que era ya pujada:
que, quien tanto la riega e tanto la escarda,
por su mal lo fazía, maguera que se tarda.

Dixo el aburtarda: "Loca, sandía, vana,
sienpre estás chirlando locura de mañana;
non quiero tu consejo, vete para villana,
déxame en esta vega tan fermosa e tan llana."

Fuése la golondrina a casa del caçador,
fizo allí su nido quanto pudo mejor;
como era gritadera, mucho gorjeador,
plogo al paxarero, que era madrugador.

Cogido ya el cáñamo e facha la parança,
fuese el paxarero, como solía, a caça;
prendió al abutarda, lévola a la plaça;
dixo la golondrina: "Yo sodes en pelaça."

CÁNTICA DE SERRANA

Cerca de Tablada
la sierra passada
falleme con Aldara
a la madrugada.
En çima del puerto
coydé ser muerto
de nieve e de frío
e dese rroçio
e de grand eleda.
A la deçida
di una corrida,
falle una serrana
fermosa, loçana,
e bien colorada.
Dixe yo a ella.:
Dis: tu que bien corres,
aqui non te engorres,
anda tu jornada.

19

Yol dixe: frío tengo,
e por eso vengo
a vos, fermosura,
quered por mesura
hoy darme posada.

Dixome la moza:
Pariente, mi choza
el que en ella posa,
conmigo desposa
e dam grand soldada.

Yol dixe: De grado,
mas soy casado
aqui en Ferreros;
mas de mis dineros
darvos he, amada.

Diom pan de çenteno
tisnado moreno,
e diom vino malo
agrillo e ralo,
e carne salada.

ANÓNIMO

ROMANCES LÍRICOS

¡AY!, UN GALÁN DE ESTA VILLA...

¡Ay!, un galán de esta villa,
¡ay!, un galán de esta casa,
¡ay!, de lejos que venía,
¡ay!, de lejos que llegaba.
—¡Ay!, diga lo que él quería,
¡ay!, diga lo que él buscaba.
—¡Ay!, busco a la blanca niña,
¡ay!, busco a la niña blanca
que tiene la voz de plata;
cabello de oro tejía,
cabello de oro trenzaba.
—Otra no hay en esta villa,
otra no hay en esta casa,
si no era una mi prima,
si no era una prima hermana;
¡ay!, de marido pedida,
¡ay!, de marido velada.
—¡Ay!, diga a la blanca niña,
¡ay!, diga a la niña blanca,
¡ay!, que su amigo le espera,
¡ay!, que su amigo la aguarda

al pie de una fuente fría,
al pie de una fuente clara
que por el oro corría,
que por el oro manaba,
a orillas del mar que suena,
a orillas del mar que brama.
....
Ya viene la blanca niña,
ya viene la niña blanca
al pie de la fuente fría,

que por el oro manaba;
la tan fresca mañanica,
mañanica la tan clara;
¡ay, venga la luz del día!
¡ay, venga la luz del alba!

ANÓNIMO
(Siglo XIII)

(Libro de Alexandre)

ALABANZA A LA PATRIA

El omne en su tierra ve más a sabor;
fázenle a la morte los parientes honor:
los ossos e l'alma han folgança maor
cuando muchos parientes están arrededor.

Los omnes de la vida el que es estraño
en cabo del fossario lo echan orellano;
danle cuemo a puerco enna fossa dex mano;
nunca diz más nadie: «Aquí iaz fulano».

Mas el omne que es de cruda voluntad,
cuida que los otros son sen piedat:
cuemo assí él es leno de malvesdat,
tien' que ennos otros non ha caridat.

Non seríen las mugieres tan desvergonçadas
que por dulda del sieglo no fuessen defamadas,

que non lieven a la iglesia candelas e obradas,
e non fagan clamores tañer a las vegadas.

Los fijos e las fijas dulces son de veer,
han de su compaña los parientes plazer:
encara no los puede tanto avorrecer,
que descobiertamente le quieran fallecer,

Amigos, quien quesier' creer e ascuchar,
non plantará majuelo en ajeno lugar;
buscará cuemo pueda a su tierra tornar:
crudo es e loco quien su casa quier' desamapar.

ALFONSO ÁLVAREZ DE VILLASANDINO
(Siglos XIV-XV)

EN MUY ESQUIVAS MONTAÑAS

En muy esquivas montañas
aprés de una alta floresta,
oy boses muy extrañas;
en fygura de rrequesta
seian dos ruyseñores:
los leales amadores,
esforçat, perdet pavores,
pues amor vos amonesta.

Oy cantar de otra parte
un gayo que se enfengía:
amor, quien de ty se parte
fas vileza e cobardía;
pero en caunto omme bive
de amar non se esquive:
guarde que non se cative
do peresca por folya.

La pascua viene muy çedo,
el un ruyseñor desía.

El otro orgulloso e ledo,
con plaser le respondía,
diziéndole: Amigo, hermano,
en yvierno e en verano
siempre ame andar loçano
quien ama syn vyllanía.

Desque vy que assy loavan
los ruyseñores al gayo,
a los que fermoso amavan
ove plazer e desmayo:
plazer por mi lealtança,
desmayo por la tardança,
pues toda mi esperança
es dubdosa fasta mayo.

JUAN DE MENA
(1411-1456)

EL LABERINTO DE FORTUNA
(*Fragmento*)

Lorenzo Dávalos

Aquel que allí ves al çerco trauado
que quiere subir e se falla en el ayre,
mostrando su rostro sobrado donayre
por dos desonestas feridas llagado,
aquel es el Dávalos mal fortunado,
aquel es el limpio mançebo Lorenço,
que fizo en un día su fin, e comienço,
aquel es el que era de todos amado…
Bien se mostraua ser madre en el duelo
que fizo la triste, después que ya vido
el cuerpo en las andas sangriento tendido
de aquel que criara con tanto recelo;
ofende con dichos crueles el çielo
con nueuos, dolores su flaca salud
e tantas angustias roban su virtud,
que cae por fuerça la triste en el suelo.

E rasga con uñas crueles su cara,
fiere sus pechos con mesura poca,
besando a su hijo la su fría boca
maldize las manos de quien lo matara,
maldize la guerra do se començara,
busca con yra crueles querellas,
niega a si mesma reparo de aquellas,
e tal como muerta hiuiendo se para.

JORGE MANRIQUE
(1440-1478)

*A la muerte del maestre de Santiago don Rodrigo
Manrique, su padre*

Recuerde el alma dormida,
avive el seso y despierte
contemplando
cómo se pasa la vida,
cómo se viene la muerte
tan callando:
cuán presto se va el placer,
cómo después de acordado
da dolor,
cómo a nuestro parescer
cualquiera tiempo pasado
fue mejor.

Y pues vemos lo presente
cómo en un punto es ido
y acabado,
si juzgamos sabiamente,
daremos lo no venido
por pasado.

No se engañe nadie, no,
pensando que ha de durar
lo que espera
más que duró lo que vio,
porque todo ha de pasar
por tal manera.

Nuestras vidas son los ríos
que van a dar en la mar,
que es el morir:
allí van los señoríos
derechos a se acabar
y consumir;
allí los ríos caudales,
allí los otros medianos
y más chicos:
allegados, son iguales
los que viven por sus manos
y los ricos.

Dexo las invocaciones
de los famosos poetas
y oradores;
no curo de sus ficciones,
que traen yerbas secretas
sus sabores.
A aquel sólo me encomiendo,
a aquel sólo invoco yo
de verdad,
que en este mundo viviendo,
el mundo no conoció
de su deidad.

Este mundo es el camino
para el otro, qu'es morada

sin pensar;
mas cumple tener buen tino
para andar esta jornada
sin errar.

   Partimos cuando nascemos,
andamos mientras vivimos,
y llegamos
al tiempo que fenescemos;
así que cuando morimos
descansamos.

   Este mundo bueno fue
si bien usásemos dél,
como debemos,
porque, según nuestra fe,
es para ganar aquel
que atendemos.
Y aún el Hijo de dios,
para subirnos al cielo,
descendió
a nascer acá entre nos
y vivir en este suelo
do murió.

   Ved de cuán poco valor
son las cosas tras que andamos
y corremos;
que en este mundo traidor
aun primero que muramos
las perdemos.
D'ellas deshace la edad,
d'ellas casos desastrados
que acaescen,
d'ellas por su calidad,

en los más altos estrados
desfallecen.

Decidme: la hermosura,
la gentil frescura y tez
de la cara,
la color y la blancura,
cuando viene la vejez
¿cuál se para?
Las mañas y ligereza
y la fuerza corporal
de juventud,
todo se torna graveza
cuando llega el arrabal
de senectud.

Pues la sangre de los godos,
el linaje y la nobleza
tan crecida,
¡por cuántas vías e modos
se pierde su gran alteza
en esta vida!
Unos por poco valer,
¡por cuán baxos y abatidos
que los tienen!
Otros que por no tener,
con oficios no debidos
se mantienen.

Los estados y riquezas
que nos dexan a deshora,
¿quién lo duda?,
no les pidamos firmeza,
pues que son de una señora
que se muda.

Que bienes son de Fortuna
que revuelve con su rueda
presurosa,
la cual no puede ser una
ni ser estable ni queda
en una cosa.

Pero digo que acompañen
y lleguen hasta la huesa
con su dueño;
por eso no nos engañen,
pues se va la vida apriesa
como sueño,
y los deleites de acá
son en que nos deleitamos
temporales,
y los tormentos de allá
que por ellos esperamos,
eternales.

Los placeres y dulçores
d'esta vida trabajada
que tenemos,
¿qué son sino corredores,
y la muerte es la celada
en que caemos?
No mirando a nuestro daño,
corremos a rienda suelta
sin parar;
des' que vemos el engaño
y queremos dar la vuelta,
no hay lugar.

Si fuese en nuestro poder
tornar la cara fermosa

corporal,
como podemos hacer
el alma tan glorïosa
angelical,
¡qué diligencia tan vivia
tuviéramos cada hora,
y tan presta,
en componer la cativa,
dexándonos la señora
descompuesta!

Estos reyes poderosos
que vemos por escripturas
ya pasadas,
en casos tristes, llorosos,
fueron sus buenas venturas
trastornadas:
así que no hay cosa fuerte;
que a papas y emperadores
y prelados
así los trata la muerte
como a los pobres pastores
de ganados.

Dexemos a los troyanos
que sus males no los vimos,
ni sus glorias;
dexemos a los romanos,
aunque oímos y leímos
sus historias.
No curemos de saber
lo de aquel siglo pasado
que fue d'ello;
vengamos a lo de ayer,
que también es olvidado
como aquello.

¿Qué se hizo el rey don Juan?
Los infantes de Aragón,
¿qué se hicieron?
¿Qué fue de tanto galán,
qué fue de tanta invención
como truxeron?
Las justas e los torneos,
paramentos, bordaduras
e cimeras
¿fueron sino devaneos?
¿Qué fueron sino verduras
de las eras?

¿Qué se hicieron las damas,
sus tocados, sus vestidos,
sus olores?
¿Qué se hicieron las llamas
de los fuegos encendidos
de amadores?
¿Qué se hizo aquel trovar,
las músicas acordadas
que tañían?
¿Qué se hizo aquel dançar
y aquellas ropas chapadas
que traían?

Pues el otro su heredero,
don Enrique, ¡qué poderes
alcançaba!
¡Cuán blando, cuán halaguero
el mundo con sus placeres
se le daba!
Mas verás cuán enemigo,
cuán contrario, cuán cruel
se le mostró,
habiéndole sido amigo,

¡cuán poco duró con él
lo que le dio!

Las dádivas desmedidas,
los edificios reales
llenos de oro,
las baxillas tan fabridas
los enriques y reales
del tesoro;
los jaeces y caballos
de su gente y atavíos
tan sobrados,
¿dónde iremos a buscallos?
¿Qué fueron sino rocíos
de los prados?

Pues su hermano el inocente,
que en su vida sucesor
se llamó,
¡qué corte tan excelente
tuvo y cuánto gran señor
que le siguió!
Mas como fuese mortal,
metióle la muerte luego
en su fragua.
¡Oh juïcio divinal!
Cuando más ardía el fuego
echaste agua.

Pues aquel gran Condestable
Maestre que conocimos
tan privado,
no cumple que d'el se hable,
sino sólo que le vimos
degollado.

Sus infinitos tesoros,
sus villas y sus lugares,
su mandar,
¿qué le fueron sino lloros?
¿Qué fueron sino pesares
al dexar?

Pues los otros dos hermanos.
Maestres tan prosperados
como reyes,
c'a los grandes y medianos
traxeron tan sojuzgados
a sus leyes;
aquella prosperidad
que tan alta fue subida
y ensalçada,
¿qué fue sino claridad
que cuando más encendida
fue amatada?

Tantos duques excelentes,
tantos marqueses y condes
y barones
como vimos tan potentes,
di, muerte, ¿do lo escondes
y los pones?
Y sus muy claras hazañas
que hicieron en las guerras
y en las paces,
cuando tú, cruel, te ensañas
con tu fuerça los atierras
y deshaces.

Las huestes innumerables,
los pendones y estandartes

y banderas,
los castillos impunables,
los muros e baluartes
y barreras,
la cava honda chapada,
o cualquier otro reparo,
¿qué aprovecha?
Cuando tú vienes airada,
todo lo pasas de claro
con tu flecha.

Aquel de buenos abrigo,
amado por virtuoso
de la gente,
el Maestre don Rodrigo
Manrique tan famoso
y tan valiente,
sus grandes hechos y claros
no cumple que los alabe,
pues los vieron,
ni los quiero hacer caros,
pues el mundo todo sabe
cuáles fueron.

¡Qué amigo de sus amigos!
¡Qué señor para criados
y parientes!
¡Qué enemigo de enemigos!
¡Qué maestro de esforçados
y valientes!
¡Qué seso para discretos!
¡Qué gracia para donosos!
¡Qué razón!
¡Cuán benino a los subjectos,
y a los bravos y dañosos
un león!

En ventura, Octavïano;
Julio César en vencer
y batallar;
en la virtud, Africano,
Aníbal en el saber
y trabajar;
en la bondad, un Trajano:
Tito en liberalidad
con alegría;
en su braço, un Archidano:
Marco Tulio en la verdad
que prometía.

Antonio Pío en clemencia;
Marco Aurelio en igualdad
del semblante;
Adriano en elocuencia;
Teodosio en humanidad
y buen talante.
Aurelio Alexandro fue
en disciplina y rigor
de la guerra;
un Constantino en la fe;
Gamelio en el gran amor
de su tierra.

No dexó grandes tesoros,
ni alcançó muchas riquezas
ni baxillas,
mas hizo guerra a los moros,
ganando sus fortalezas
y sus villas,
y en las lides que venció
caballeros y caballos
se prendieron
y en este oficio ganó

las rentas e los vasallos
que le dieron.

Pues por su honra y estado
en otros tiempos pasados,
¿cómo se hubo?
Quedando desamparado,
con hermanos y criados
se sostuvo.
Después que hechos famosos
hizo en esta dicha guerra
que hacía,
hizo tratos tan honrosos,
que le dieron muy más tierra
que tenía.

Estas sus viejas historias
que con su braço pintó
en la juventud,
con otras nuevas victorias
agora las renovó
en la senectud.
Por su gran habilidad,
por méritos y ancianía
bien gastada
alcançó la dignidad
de la gran caballería
del Espada.

E sus villas e sus tierras
ocupadas de tiranos
las halló;
mas por cercos e por guerras
y por fuerças de sus manos
las cobró.

Pues nuestro rey natural
si de las obras que obró
fue servido,
dígalo el de Portugal,
y en Castilla quién siguió
su partido.

   Después de puesta la vida
tantas veces por su ley
al tablero;
después de tan bien servida
la corona de su Rey
verdadero;
después de tanta hazaña
a que no puede bastar
cuenta cierta,
en la su villa de Ocaña
vino la muerte a llamar
a su puerta.

   (HABLA LA MUERTE)

   Diciendo: "Buen caballero,
dexad el mundo engañoso
y su halago;
vuestro coraçón de acero
muestre su esfuerço famoso
en este trago,
y pues de vida y salud
hiciste tan poca cuenta
por la fama,
esfuércese la virtud
para sufrir esta afrenta
que os llama.

No se os haga tan amarga
la batalla temerosa
que esperáis,
pues otra vida más larga
de fama tan glorïosa
acá dexáis;
aunque esta vida de honor
tampoco no es eternal
ni verdadera,
mas con todo es muy mejor
que la otra temporal
perecedera.

El vivir que es perdurable
no se gana con estados
mundanales,
ni con vida deleitable
en que moran los pecados
infernales;
mas los buenos religiosos
gánanlo con oraciones
y con lloros;
los caballeros famosos,
con trabajos y afliciones
contra moros.

Y pues vos, claro varón,
tanta sangre derramastes
de paganos,
esperad el galardón
que en este mundo ganastes
por las manos:
y con esta confiança
y con la fe tan entera
que tenéis,

partid con buena esperança
que esta otra vida tercera
ganaréis."

(RESPONDE EL MAESTRO)

"No gastemos tiempo ya
en esta vida mezquina
por tal modo,
que mi voluntad está
conforme con la divina
para todo,
y consiento en mi morir
con voluntad placentera,
clara, pura,
que querer hombre vivir
cuando Dios quiere que muera
es locura."

ORACIÓN

Tú que por nuestra maldad
tomaste forma civil
y baxo nombre;
tú que en tu divinidad
juntaste cosa tan vil
como el hombre;
tú que grandes tormentos
sufriste sin resistencia
en tu persona,
no por mis merecimientos,
mas por tu sola clemencia,
me perdona.

CABO

   Así con tal entender
todos sentidos humanos
conservados,
cercado de su mujer,
de hijos y de hermanos
y criados,
dio el alma a quien se la dio
(el cual la ponga en el cielo
y en su gloria),
y aunque la vida perdió,
nos dexó harto consuelo
su memoria.

JUAN ÁLVAREZ GATO
(¿1440-1515?)

QUITA ALLÁ, QUE NO QUIERO...

Quita allá, que no quiero,
mundo enemigo;
quita allá que no quiero
pendencias contigo.
    Ya sé lo que quieres,
ya sé tus dulzores;
prometes placeres,
das cien mil dolores;
los favorecidos,
de tus amadores,
el mejor librado
es el más perdido.
    No quiero tus ligas
más en mi posada,
y aunque me persigas
no se me da nada;
que entonces se gana
la gloria doblada,
cuanto más te huyo
y menos te sigo.
    Quita allá, que no quiero
falso enemigo;
quita allá que no quiero
pendencias contigo.

JUAN DE LA ENCINA
(1446-1534)

GLOSAS DE CANCIONES Y MOTES

I

O malos vicios del mundo,
por ser a vosotros dado,
si en remediar no me fundo
bozes daré en el profundo
al dolor de mi cuidado.

Que criáis siete serpientes
ponçoñosas sin mesura:
al que muerden con sus dientes
si no buelve a los bivientes
siempre le crece tristura.

Y quien bive por antojo
vase luego a lo vedado.
Con pereza o con enojo
da la gotera en el ojo
mas no por esso mudado.

Muy bien será que dexemos
de seguir tal vida escura
y mucho nos alexemos,
que después no nos quexemos
por mal que diga ventura.

Devemos dar por passada
aquesta malvada vida:
pues que tanto es acossada
tengamos desta posada
el esperança perdida.

No siento cosa ser fuerte
deste mundo peligroso,
mas siento ser mala suerte
tener delante la muerte
y el pensamiento dudoso.

Quien no piensa fenecer
al partir será quexoso;
viendo su mal recrecer
codicia permanecer
con su bivir congoxoso.

Aquesta negra codicia
de muy pocos es vencida:
gula, ira y avaricia,
estos y otros con malicia
me dan muerte conocida.

Vélate, cata que viene
la muerte muda y segura;
mira bien, que te conviene,

pues que fe ninguna tiene:
esfuerça con la cordura.

Y si fuere tiempo, canta,
mas tu mal sea llorado;
pues el dar piedras quebranta,
cuando cayeres levanta,
no mueras desesperado.

Que si tú tienes buen tiento,
por más que seas tentado
dexarás mal pensamiento
que se passe como viento,
mas no por esso mudado.

Fin

Pongamos nuestra esperança
en Aquél que siempre dura
y bivamos por valança
que no hagamos mudança
por mal que diga ventura.

II

No sé qué vida bivir
con amor tan peligroso,
que en las fuerças del morir
me dexa, por os servir,
de vos y de mí quexoso.

Quexoso de quexas dos,
que tenéis mi fe cativa

por quereros como a Dios,
me quexo de mí por vos,
de vos porque sois esquiva.

No sé remedio pediros
por do muerte no reciba,
ni sé mis males deziros
pues que no queréis serviros
de mí porque nunca biva.

Bivo con mucho temor
por no seros enojoso,
y en ver vuestro desamor
siempre biva con dolor
si mi mal deziros oso.

Sufro por veros contenta
de quien tanto mal consiente,
que no siento quien consienta
el dolor que me atormenta
cuando soy de vos ausente.

Y con todo mi tormento
siempre crece mi afición;
por vuestro merecimiento
después que de vos me ausento
hállome gran coraçón.

Y comienço a contemplaros
con gran fe muy humillante.
Cuanto peno por amaros
entiendo poder contaros
y pienso si soy presente.

Mas después cuando a vos veo,
con temor y turbación
del mal que por vos posseo,
no puedo y tengo desseo
de deziros mi passión.

Vuestra perfeta figura
me haze bivir penoso,
vuestra gracia y hermosura
no me causa la tristura
mas vuestro gesto sañoso.

Que vuestra gracia y beldad,
aunque por fuerça derriba,
tiene gran suavidad,
mas vos mostráis crueldad
y presunción muy altiva.

Por lo cual mi pensamiento
de todo plazer me priva,
con dolor y perdimiento
vuestro desconocimiento
me haze que nunca biva. [...]

VILLANCICO

No te tardes, que me muero.
Carcelero,
¡no te tardes, que me muero!
Apresura tu venida,
por que no pierdas la vida,
que la fe no está perdida.
Carcelero,
¡no te tardes, que me muero!

Sácame desta cadena,
que recibo muy gran pena,
pues tu tardar me condena.
        Carcelero,
¡no te tardes, que me muero!
    La primer vez que me viste
sin lo sentir me venciste:
suéltame, pues me prendiste.
        Carcelero,
¡no te tardes, que me muero!
    La llave para soltarme
ha de ser galardonarme
prometiendo no olvidarme.
        Carcelero,
¡no te tardes, que me muero!

JUAN BOSCÁN
(1495-1540)

HERO Y LEANDRO

(Fragmento)

[…] Entonces las tinieblas se extendieron
por la haz de la tierra poco a poco;
y el templo do los dos amantes eran
tomó la escuridad que convenía
al caso que tratamos, y aun a todos
los casos que enredar suele Cupido.
Leandro desque vio oportuno el tiempo,
a Hero se llegó, con tanto miedo,
que apenas pudo Amor obrar su fuerza;
probó a callar y estarse padeciendo
su miseria entre sí; pero no estaba
tan despacio, que estar callando osase,
y así empezó de hablar su voz temblando,
sus rodillas también, que no podían
la carga sostener del triste cuerpo,
dijo mal su razón y por mal cabo;
mas éste su decir tuvo más fuerza,
y pudo más de sólo poder poco,
que si fuera el mejor y el más ornado,

el más ardiente y copïoso estilo,
que fue el de cuantos fueron celebrados
en Roma y en Atenas en el tiempo
que la dulce elocuencia competía
con el furor de las lucientes armas.
Su embarazo fue tal y su turbarse,
que con sólo mostrar muestras de miedo,
mostró con puro amor puro deseo,
y mostró más, estar determinado
a la muerte que Amor quisiese dalle.
Ella que esto entendió tan a la letra,
que ni fue menester querer creello
ni atenerse a testigos ni a argumentos,
ni discurrir razones necesarias
para alcanzar una verdad tan grande.
Como en un punto vio el alma tendida
de su amador y vio todas sus llagas,
así también vencida fue en un punto,
y en un punto fue hecho lo que el tiempo
jamás pudiera hacer por más que pueda
volver y revolver la mortal gente.
En Leandro volvió a encenderse el fuego
con el calor que en Hero vio movido;
y así se fue esforzando entre sí mismo,
y su pasión templando por un rato;
sus ojos revolvió por todo el templo,
y viendo bien que nadie no le vía,
aseguróse la mejor que pudo,
y con acatamiento convenible
comenzó a hablar con corazón más firme,
no diciendo regalos ni dulzuras,
no requiebros según la vulgar gente
los llama, no razones bien compuestas,
no palabras pensadas en la noche,
no mentiras en forma de verdades,
ni verdades en forma de mentiras;

no decía sino puras llanezas
habladas llanamente y con descanso:
que siempre la verdad es descansada.
Ella estaba escuchando todo aquesto
con un callar atento a las palabras
que oía, con volverse algunas veces
agora colorada, ora amarilla,
de amarillez que apenas se mostraba;
señalaba otra vez algún empacho,
con varios y confusos movimientos
componía sin tiempo sus cabellos;
la mano alzaba a concertar su toca,
no hallaba lugar para su manto,
acá y allá le andaba revolviendo,
sin saber cómo estar, cómo ni dónde.
Mesuraba tras esto su semblante,
no por hacerse grave o desdeñosa,
mas por quitar de sí el desasosiego
que el temor y el empacho le traían.
Entre estos acidentes en fin hubo
de dejarse ir y de entregarse un poco
al blando amor, al dulce sentimiento,
que a formarse en su alma comenzaba.
Dieron desto señal luego los ojos,
y en Leandro empezaron a meterse
con una tal blandura y caimiento,
que el triste amante se sintió cortados
de seso y libertad todos los nervios.
Y así sin más, sin ver lo que hacía,
perdido el miedo que el amor le daba,
perdido el conocer del desacato,
perdido el contemplar del valer della,
perdido el contentarse con miralla,
perdida la memoria de sí mismo,
perdida, en fin, la fuerza de su alma,
atrevióse a tomar la mano de Hero,

de Hero la mano se atrevió a tomalla;
mas esto fue con un ardor tamaño,
de una congoja tal, tan entrañable,
con un gemir tan bajo y tan profundo,
de su necesidad tan gran testigo,
que desculpó la culpa del pecado,
y el merecer tan junto al pecar vino
que no sé cuál fue más, ni cuál primero [...]

CRISTÓBAL DE CASTILLEJO
(1490-1556)

GLOSA DEL ROMANCE "TIEMPO NUEVO"

¡Oh vida dulce y sabrosa,
si no fuese ya pasada;
sazón bienaventurada,
temporada venturosa!
¡Oh descanso en que me vi!
¡Oh bien de mil bienes lleno!
Tiempo bueno, tiempo bueno,
¿quién te me apartó de mí?
Ya que llevabas mi gloria
cuando de mí te apartaste,
dime por qué no llevaste
juntamente su memoria.
¿Por qué dejaste en mi seno
rastro del bien que perdí,
que en acordarme de ti
todo placer me es ajeno?
Siendo, pues, la llaga tal,
nadie culpe mi dolor.
¿Cuál es el bruto pastor

que no le duela su mal?
¿Quién es así negligente
que descuida en su cuidado?
¿Quién no llora lo pasado
viendo cuál va lo presente?

   Si la vida se acabara
do se acabó la ventura,
aun la mesma sepultura
de dulce carne gozara;
mas quedando lastimado,
viviendo vida doliente,
¿quién es aquel que no siente
lo que ventura ha quitado?

   Que, aunque así, sin alegría,
me veis rico de pesar
abajado a desear
lo que desechar solía;
aunque me veis sin estima,
en un rincón olvidado,
yo me vi ser bien amado,
mi deseo en alta cima.

   El tiempo hizo mudanza,
dándome revés tamaño
que, no contento del daño,
mató también la esperanza.
Y de verme, estando encima,
por el suelo derribado,
contemplar en lo pasado
la memoria me lastima.

   El olvido, porque es medio,
húyele mi fantasía;
la muerte, que yo querría,
húyeme porque es remedio;
lo bueno que se me antoja
mi dicha no lo consiente,
y pues todo me es ausente

no sé cuál extremo escoja.

De nada vivo contento
y con todo vivo triste;
ausencia, tú me hiciste
de todos bienes ausente.
El más ligero acidente
de mi salud me despoja;
bien y mal todo me enoja:
¡cuitado de quien lo siente!

Muy grande fue mi favor,
grande mi prosperidad;
a sola mi voluntad
reconoscí por señor;
en mis brazos se acostaron
esperanzas, y no vanas;
tiempo fue y horas ufanas
las que mi vida gozaron.

Y agora no gozan della
sino solo mis enojos,
que manando por los ojos,
satisfacen su querella.
Verdes nascieron, tempranas,
que sin tiempo maduraron,
donde, tristes, se sembraron
las simientes de mis canas.

Y lo que más grave siento
es que, teniendo pasiones,
me fuerzan las ocasiones
a mostrar contentamiento.
Que el mayor mal que hay aquí
es que sólo sé que peno,
y pues se tiene por bueno,
bien puedo decir así:

Tiempo bienaventurado,
en tiempo no conoscido,
antes de tiempo perdido,

y en todo tiempo llorado,
yo navegaba por ti
con viento manso y sereno:
tiempo bueno, tiempo bueno,
¿quién te me apartó de mí?

VASCO DÍAZ DE FREXENAL
(?-1560)

ROMANCE EN EL CUAL EL AUTOR NARRA SU NASCIMIENTO

En Frexenal de la Sierra
nascí yo desventurado
en malívolo planeta,
en signo mal constellado;
en la provincia de Extremo,
al pie del Cerro Tiznado,
con los Algarves confina
al lusitano collado;
cuando Marte con su furia
mostró su poder airado,
do Baco con gran trïunfo
salió manso y reposado;
do las náyades doncellas
regocijaron el prado,
cuando Ceres y Dïana
fueron fuera de poblado,
al tiempo que Juno y Tetis
se subieron al collado
y en las aguas admirandas
Salmacis entró de grado;

do Vesta llegó desnuda
con su escuadrón ordenado;
Copia con cuerno vacío,
Venus con vulto turbado,
cuanod Palas con reposo
cubrió su cetro dorado
y Minerva, muy lasciva,
salió con todo su estado,
don Vulcano con su fragua
llegó muy aferruzado;
allí Cupido, su hijo,
me tocó el siniestro lado
con la saeta dorada,
hecha de plomo mezclado.
Entonces Marte triunfaba,
Mercurio fue desterrado,
Saturno estaba contento,
Febo se mostró nublado;
do el gran Júpiter sintinedo
tan malicioso cuidado
mandó que todos los signos
mostrasen poder doblado;
do el Carnero nutritivo
del Vellocino dorado
se mostró muy animoso,
y el gran Toro muy airado;
el León, muy bravo y fiero,
bramaba muy denodado;
el Cabrón, de barba luenga,
daba gritos de espantado;
el Sagitario corría
a gran mal determinado;
el Cangrejo rastreaba
sin punto se estar parado;
el Escorpión furïoso
iba muy emponzoñado;

los dos hermanos de un vientre
se habían aporreado;
Erigo, mujer estéril,
su rostro mostró turbado;
la Libra, desordenada,
con el peso ha barajado;
Acuario, triste, nubloso,
salió de curso en el prado;
el Pece saltaba encima
con modo mal reposado;
los dragones regañaban,
los canes se han maltratado,
las osas se barajaban,
las cabras pasando el vado;
las hadas, con caras tristes,
a mí se hobieron llegado,
do la vihuela sonaba
con modo desacordado;
el cisne, triste, cantaba
casi fuera de su grado
cuando de estribor volaba
para el campo, fulminado;
el cantar que allí decía
es el que aquí va notado.

GARCILASO DE LA VEGA
(1503-1536)

SALICIO

¡Oh, más dura que mármol a mis quejas
y al encendido fuego en que me quemo,
más helada que nieve, Galatea!
Estoy muriendo, y aun la vida temo;
témola con razón, pues tú me dexas;
que no hay, sin ti, el vivir para qué sea.
Vergüenza he que me vea
ninguno en tal estado,
de ti desamparado,
y de mí mismo yo me corro agora.
¿De un alma te desdeñas ser señora,
donde siempre moraste, no pudiendo
della salir una hora?
Salid, sin duelo, lágrimas, corriendo.
El sol tiende los rayos de su lumbre
por montes y por valles, despertando
las aves y animales y la gente;
cuál por el aire claro va volando,
cuál por el verde valle o alta cumbre
paciendo va segura y libremente,
cuál con el sol presente,
va de nuevo al oficio,

y al usado ejercicio
do su natura o menester le inclina.
Siempre está en llanto este ánima mezquina
cuando la sombra el mundo va cubriendo
o la luz se avecina.
Salid, sin duelo, lágrimas, corriendo.

¿Y tú, desta mi vida ya olvidada,
sin mostrar un pequeño sentimiento
de que por ti Salicio triste muera,
dexas llevar, desconocida, al viento
el amor y la fe que ser guardada
eternamente sólo a mí debiera?
¡Oh Dios! ¿Por qué siquiera,
pues ves desde tu altura
esta falsa perjura
causar la muerte de un estrecho amigo,
no recibe del cielo algún castigo?
Si en pago del amor yo estoy muriendo,
¿qué hará el enemigo?
Salid sin duelo, lágrimas, corriendo.

Por ti el silencio de la selva umbrosa,
por ti la esquividad y apartamiento
del solitario monte me aguardaba;
por ti la verde yerba, el fresco viento,
el blanco lirio y colorada rosa
y dulce primavera deseaba.
¡Ay, cuánto me engañaba!
¡Ay, cuán indiferente era
y cuán de otra manera
lo que en tu falso pecho se escondía!
Bien claro con su voz me lo decía
la siniestra corneja, repitiendo
la desventura mía.
Salid sin duelo, lágrimas, corriendo.

¡Cuántas veces durmiendo en la floresta,
reputándolo yo por desvarío,

vi mi mal entre sueños, desdichado!
Soñaba que en el tiempo del estío
llevaba, por pasar allí la siesta,
a beber en el Tajo mi ganado;
y después de llegado
sin saber de cuál arte,
por desusada parte
y por nuevo camino el agua se iba;
ardiendo yo con la calor estiva,
el curso enajenado iba siguiendo
del agua fugitiva.
Salid sin duelo, lágrimas, corriendo.

EN LA ASCENSIÓN

¡Y dexas, Pastor santo,
tu grey en este valle hondo, oscuro,
con soledad y llanto,
y tú rompiendo el puro
aire, te vas al inmortal seguro!
    Los antes bienhadados,
y los agora tristes y afligidos,
a tus pechos criados,
a Ti desposeídos,
¿a dó convertirán ya sus sentidos?
    ¿Qué mirarán los ojos
que vieron de tu rostro la hermosura,
que no les sea enojos?
Quién oyó tu dulzura,
¿qué no tendrá por sordo y desventura?

EGLOGA III
(*Fragmento*)

Cerca el Tajo en soledad amena,
de verdes sauces hay una espesura,

65

toda de hiedra revestida y llena,
que por el tronco va hasta el altura,
y así la teje arriba y encadena,
que el sol no halla paso a la verdura:
el agua baña el prado con sonido
alegrando la vista y el oído.

Con tanta mansedumbre el cristalino
Tajo en aquella parte caminaba,
que pudieran los ojos el camino
determinar apenas que llevaba.
Peinando sus cabellos de oro fino
una ninfa, del agua, do moraba,
la cabeza sacó, y el prado ameno,
vido de flores y de sombra lleno.

Movióla el sitio umbroso, el manso viento
el suave olor de aquel florido suelo.
Las aves en el fresco apartamiento
vio descansar del trabajoso vuelo.
Secaba entonces el terreno aliento
el sol subido a la mitad del cielo.
En el silencio sólo se escuchaba
un susurro de abejas que sonaba.

DIEGO HURTADO DE MENDOZA
(1535-1609)

Imposible de tragar
Ser vieja y arrebolarse
no puede tragarse.

El ponerse en arrebol
y lo blanco colorado
en un rostro endemoniado,
con más arrugas que col,
y en las cejas alcohol,
porque pueda divisarse,
no puede tragàrse.
El encubrir con afeite
hueso que entre hueco y hueco
puede hacer sonar un eco
y el tenelle por deleite,
y el relucir con aceite
rostro que era justo hollarse
no puede tragarse.
El colorir la mañana
los cabellos con afán,
y dar tez de cordobán
a lo que de sí es badana,
y el ponerse a la ventana,

siendo mejor encerrarse,
no puede tragarse.
El decir que le salieron
las canas en la niñez,
y que de un golpe otra vez,
los dientes se la cayeron,
y atestiguar que lo vieron,
quien en tal no pudo hallarse,
no puede tragarse.

GUTIERRE DE CETINA
(1520-1560)

Mientras las tiernas alas, pequeñuelo,
mi nuevo desear firmes hacía,
mientras de mí alejarse no podía,
por ser nueva la pluma, a mayor vuelo,
    obediente me estaba, y el señuelo,
a la primera voz, luego acudía,
ni de votar tan alto presumía,
que con los pies no fuese por el suelo.
    Hasta que con el tiempo ya crecida
la pluma, por su mal, de puro ufano,
sacándolo a volar mi mala suerte,
    lanzólo a una esperanza tan perdida
que ni el deseo vuelve ya a la mano,
ni parará hasta hallar la muerte.

***

Como teniendo en tierra bien echadas
las raíces un árbol se sostiene,
y como del humor que dellas tiene
las ramas son criadas y guardadas;
    como si le serán todas cortadas,
no por eso se seca o se detiene,
antes torna a brotar y a mostrar viene

otras en su lugar luego criadas;
   así de mi esperar siendo cortado,
por la mano crüel de algún desvío,
con las ramas el fruto deseado,
   de la raíz que está en el alma envío
humor a la esperanza, y, de obstinado,
con nuevas ramas a esperar porfío.

A UN HOMBRE LOCO LLAMADO CARBÓN, QUE ESTANDO FURIOSO ARREMETIÓ A BESAR A UNA DAMA

   Atrevido Carbón, tan animoso
cuan falto de favor y de contento,
no se alabe Faetón de atrevimiento
pues fue el tuyo más alto y más famoso.
   Aquél, guiando al sol, de temeroso
hizo a los temerarios escarmiento,
tú pensaste gozar sin fundamento
de un nuevo sol más claro y más hermoso.
   ¿Cuál seso hay que iguale a tu locura?
¿Cuál esfuerzo llega al bien de aventurarte
si tuvieras más fuerza o más ventura?
   Aunque, siendo Carbón, ponerte en parte
tan cerca de aquel sol de hermosura,
ya es ventura llegar y no abrasarte.

DIEGO DE FUENTES
(1525-1575)

¿Qué me sirven mis caballos,
pues no quiso a mi pastor
dejallos gozar Amor?

¿Qué sirve tener conmigo
cabellos que el sol deshacen,
pues de mi pastor no hacen
más cuenta que de enemigo?
Yo soy de esto buen testigo,
pues no quiso a mi pastor
dejallos gozar Amor.
Unas veces lo procuro,
mas luego vuelvo con no;
dice Amor, desdigo yo;
él promete, yo lo juro.
No queda el hecho seguro,
pues no quiso a mi pastor
dejallos gozar Amor.
¡Ay, cabellos mallogrados,
cuán poco sirve el teneros,
pues no pudo mereceros
él, por quien fuisteis criados!
De hoy más iréis destrenzados,

71

pues no quiso a mi pastor
dejallos gozar Amor.

   Si cuando Amor aquejaba
mi zagal en tal manera,
entonces dél me doliera;
¡oh cuán bien que lo acertaba!
Pero ya se imaginaba
que gozallos mi pastor
no lo fiara de Amor.

   La culpa de tanto daño
sola a mí se debe dar,
pues no supe desviar
de mí tan notorio daño.
Ya está claro el desengaño,
pues no quiso a mi pastor
dejallos gozar Amor.

   Si con mis ojos le viese,
juro no le desechase,
ni que de mí se apartase
un punto le consintiese.
¡Ay, carillo, y quién te viese!
Vente a mí, mi buen pastor,
no tengas miedo de Amor.

***

   Sin alas va volando el pensamiento;
lugar do deja, todo lo trasciende;
no teme el duro paso que le ofende
del hondo lago y cavernal asiento.

   Por la región noturna y aposento,
con ímpetu camina, donde entiende
hallar la ocasïón, o quién enciende
su mal intolerable y su tormento.

No teme de las Parcas el camino,
mas va siguiendo el hilo de sus hados;
buscando va el Amor que le acompañe.

Mas ¿quién puede escapar de un desatino,
si Amor enseña a los atormentados
por dó los llevará que no los dañe?

FRAY LUIS DE LEÓN
(1527-1591)

EN LA ASCENSIÓN

¡Y dexas, Pastor santo,
tu grey en este valle hondo, oscuro,
con soledad y llanto,
y tú rompiendo el puro
aire, te vas al inmortal seguro!

Los antes bienhadados,
y los agora tristes y afligidos,
a tus pechos criados,
a Ti desposeídos,
¿a dó convertirán ya sus sentidos?

¿Qué mirarán los ojos
que vieron de tu rostro la hermosura,
que no les sea enojos?
Quien oyó tu dulzura,
¿qué no tendrá por sordo y desventura?

Aqueste mar turbado,
¿quién lo pondrá ya freno?¿Quién concierto
al viento fiero airado?
Estando tú encubierto,
¿qué norte guiará la nave al puerto?

¡Ay! Nube envidiosa
aun de este breve gozo, ¿qué te aquexas?
¿Do vuelas presurosa?
¡Cuán rica tú te alexas!
¡Cuán pobres y cuán ciegos, ¡ay!, nos dexas!

A LA VIDA DEL CAMPO

¡Qué descansada vida
la del que huye del mundanal ruido,
y sigue la escondida
senda por donde han ido
los pocos sabios que en el mundo han sido!

Que no enturbia el pecho
de los soberbios grandes el estado,
ni del dorado techo
se admira, fabricado
del sabio moro, en jaspes sustentado.

No cura si la fama
canta con voz su nombre pregonera,
ni cura si encarama
la lengua lisonjera
lo que condena la verdad sincera.

¡Qué presta a mi contento,
si voy del vano dedo señalado,
si en busca de este viento
ando desalentado
con ansias vivas, con mortal cuidado!

¡Oh monte, oh fuente, oh río!
¡Oh secreto seguro, deleitoso!

Roto casi el navío,
a vuestro almo reposo
huyo de aqueste mar tempestuoso.

Un no rompido sueño,
un día puro, alegre, libre quiero;
no quiero ver el ceño
vanamente severo
de a quien la sangre ensalza o el dinero.

Despiértenme las aves
con su cantar sabroso no aprendido,
no los cuidados graves
de que es siempe seguido
el que al ajeno arbitrio está atendido.

Vivir quiero conmigo,
gozar quiero del bien que debo al cielo
a solas, sin testigo
libre de amor, de celo,
de odio, de esperanzas, de recelo.

Del monte en la ladera
por mi mano plantado tengo un huerto
que con la primavera,
de bella flor cubierto,
ya muestra en esperanza el fruto cierto.

Y como codiciosa
por ver y acrecentar tanta hermosura,
desde la cumbre airosa
una fontana pura
hasta llegar corriendo se apresura.

Y luego sosegada,
al paso entre los árboles torciendo,
el suelo de pasada
de verdura vistiendo,
y con diversas flores va esparciendo.

El aire el huero orea,
y ofrece mil olores al sentido,
los árboles menea
con un manso ruido,
que del oro y del cetro pone olvido.

Ténganse su tesoro
los que de un falso leño se confían;
no es mío ver el lloro
de los que desconfían
cuando el cierzo y el ábrego porfían.

La combatida entena
cruje, y en ciega noche el claro día
se torna, al cielo suena
confusa vocería,
y la mar enriquecen a porfía.

A mí una pobrecilla
mesa, de amable paz bien abastada,
me basta, y la vajilla
de fino oro labrada
sea de quien la mar no teme airada.

Y mientras miserable-
mente se están los otros abrasando
con sed insaciable
del peligroso mando,
tendido yo a la sombra esté cantando:

A la sombra tendido,
de hiedra y lauro eterno coronado,
puesto el atento oído
al son dulce, acordado,
del plectro sabiamente meneado.

LAS SIRENAS, A CHERINTO

No te engañe el dorado
vaso, no de la puesta al bebedero
sabrosa miel cebado,
dentro al pecho ligero,
Cherinto, no traspases el postrero.

Asensio, ten dudosa,
la mano liberal, que esa azucena,
esa purpúrea rosa,
que el sentido enajena,
tocada, pasa el alma y la envenena.

Retira el pie, que asconde
sierpe mortal el prado, aunque florido
los ojos roba; adonde
aplace más, metido
el peligroso lazo está tendido.

Pasó tu primavera
ya la madura edad te pide el fruto
de gloria verdadera,
¡ay!, pon del cieno bruto
los pasos en lugar firme y enjuto,

antes que la engañosa
Circe, del corazón apoderada,

con copa ponzañosa
el alma transformada,
te junte, nueva fiera, a su manada.

No es dado al que allí asienta,
si ya el cielo dichoso no le mira,
huir la torpe afrenta:
o arde oso en ira,
o hecho jabalí, gime y suspira.

No fíes en viveza,
atiende al sabio rey solimitano:
no vale fortaleza,
que al vencedor Gazano
condujo a triste fin femenil mano.

Junta al alto griego,
que sabio no aplicó la noble antena
al enemigo ruego
de la blanda Sirena,
por do por siglos mil su fama suena.

Decía conmoviendo
al aire en dulce son: "La vela inclina
que del viento huyendo,
por los aires camina
Ulises, de los griegos luz divina.

Allega y da reposo
al inmortal cuitado, y, entre tanto,
conocerás curioso
mil historias que canto,
que todo navegante hace otro tanto;

que todo lo sabemos;
cuanto contiene el suelo, y la reñida
guerra te cantaremos
de Troya y su caída,
por Grecia y por los dioses destruida."

Ansí falta cantaba,
ardiendo en crueldad; más el prudente
a la oz atajaba
el camino en su gente
con la aplicada cera suavemente.

Si a ti se presentare,
los ojos, sabio, cierra, firme atapa
la oreja si llamare;
se prendiere la capa,
huy, que sólo aquel que huye escapa.

FRANCISCO DE ALDANA
(1528-1575)

SOBRE LA CREACIÓN DEL MUNDO

   Señor universal de cuanto alcanza
el cielo a rodear más eminente,
de quien jamás tratar por semejanza
pudo lengua mortal no propiamente,
a ti, con animosa confianza
y con celo de fe viva y ardiente,
las musas, que me dan esos tus cielos,
encaminadas son con altos vuelos.

   Antes que el serafín tierno y dorado,
o cualquier otro espíritu divino
del mundo angelical, fuese criado
por el inmenso ser que es uno y trino,
antes que el gran vacío fuese cerrado
de otro cielo mayor que el cristalino,
y aun antes que en el tiempo el antes fuera,
todo en su eternidad sólo Dios era.

   Y no porque después quedó el gran vano
(si así puedo decir) fértil y lleno

de tantas cosas, que le excelsa mano
quiso afuera sacar del rico seno,
el infinito Dios sobremundano
quedó mayor, mejor ni menos bueno,
que el más ni el menos do la parte es todo
no se puede incluir por algún modo.

No porque el cielo su gran cuerpo extienda
tan llenamente y se dilate tanto,
ni que tan varias cosas comprehenda
debajo el estrellado y claro manto,
no porque tan gran máquina dependa
de aquél que en todo está glorioso y santo,
es grande Dios, mas es tan grande el mundo
porque sin fin es Dios grande y profundo.

Sin confusión de cuerpos y lugares,
grande y profundo es Dios, alto y tremendo,
con quien el mundo y si otros mil millares
fuesen, cual éste fue, serían no siendo;
los cielos y los cuerpos sublunares
que tienen fin por él se van midiendo,
mas ¿cuál podrá jamás línea extendida
lo infinito medir que es sin medida? [...]

GASPAR GIL POLO
(1516-1572)

CANCIÓN

En el campo venturoso
donde con clara corriente
Guadalaviar hermoso,
dejando el suelo abundoso,
da tributo al mar potente,

Galatea, desdeñosa
del dolor que a Licio daña,
iba alegre y bulliciosa
por la ribera arenosa
que el mar con sus ondas baña,

entre la arena cogiendo
concha y piedras pintadas,
muchos cantares diciendo
con el son del ronco estruendo
de las ondas alteradas.

Junto al agua se ponía,
y las ondas aguardaba,

y en verlas llegar huía;
pero a veces no podía
y el blanco pie se mojaba.

Licio, al cual en sufrimiento
amador ninguno iguala,
suspendió allí su tormento
mientras miraba el contento
de su pulida zagala.

Mas cotejando su mal
con el gozo que ella había,
el fatigado zagal,
con voz amarga y mortal
de esta manera decía:

"Ninfa hermosa, no te vea
jugar con el mal horrendo,
y aunque más placer te sea,
huye del mar, Galatea,
como estás de Licio huyendo.

Deja ahora de jugar,
que me es dolor importuno;
no me hagas más penar,
que en verte cerca del mar
tengo celos de Neptuno.

Causa mi triste cuidado
que a mi pensamiento crea;
porque ya está averiguado
que si no es tu enamorado
lo será cuando te vea.

Y está cierto, porque amor
sabe desde que me hirió

que para pena mayor
me falta un competidor
más poderoso que yo.

Deja la seca ribera
do está el agua infructuosa;
guarda que no salga afuera
alguna marina fiera
enroscada y escamosa.

Huye ya, y mira que siento
por ti dolores sobrados,
porque con doble tormento
celos me da tu contento,
y tu peligro, cuidados.

En verte regocijada
celos me hacen acordar
de Europa, ninfa preciada,
del toro blanco engañada
en la ribera del mar.

Y el ordinario cuidado
hace que piense contino
de aquel desdeñoso alnado,
orilla el mar arrastrado
visto aquel monstruo marino.

Mas no veo en ti temor
de congoja y pena tanta,
que bien sé por mi dolor
que a quien no teme el amor
ningún peligro le espanta.

Guarte, pues, de un gran cuidado;
que el vengativo Cupido,
viéndose menospreciado,
lo que no hace de grado,
suele hacerlo de ofendido.

Ven conmigo al bosque ameno,
y al apacible sombrío
de olorosas flores lleno
do en el día más sereno,
no es enojoso el estío.

Si el agua te es placentera,
hay allí fuente tan bella,
que para ser la primera
entre todas, sólo espera
que tú te laves en ella.

En aqueste raso suelo
a guardar tu hermosa cara
no basta sombrero o velo,
que estando al abierto cielo
el sol morena te para.

No escuches dulces contentos,
sino el espantoso estruendo
con que los bravosos vientos
con soberbios movimientos
van las aguas revolviendo.

Y tras la fortuna fiera
son las vistas más suaves
ver llegar a la ribera
la destrozada madera
de las anegadas naves.

Ven a la dulce floresta,
do natura no fue escasa,
donde haciendo alegre fiesta
la más calurosa siesta
con más deleite se pasa.

Huye los soberbios mares;
ven, verás cómo cantamos
tan deliciosos cantares,
que los más duros pesares
suspendemos y engañamos.

Y aunque quien pasa dolores
amor le fuerza a cantarlos,
yo haré que los pastores
no digan cantos de amores,
porque huelgues de escucharlos.

Allí, por bosques y prados,
podrás leer a todas horas,
en mil robles señalados,
los nombres más celebrados
de las ninfàs y pastoras.

Mas seráte cosa triste
ver tu nombre allí pintando,
en saber que escrita fuiste
por el que siempre tuviste
de tu memoria borrado.

Y aunque mucho estés airada
no creo yo que te asombre
tanto verte allí pintada,
como el ver que eres amada
del que allí escribió tu nombre.

No ser querida y amar
fuera triste desplacer;
mas ¿qué tormento o pesar
te puede, Ninfa, causar
ser querida y no querer?

Mas desprecia cuanto quieras
a tu pastor, Galatea;
sólo que en estas riberas
cerca de las ondas fieras
con mis ojos no te vea.

¿Qué pensamiento mejor
orilla del mar hallarse
que escuchar al ruiseñor,
coger la olorosa flor
y en clara fuente lavarse?

Plugiera a Dios que gozaras
de nuestro campo y ribera,
y porque más lo preciaras,
ojalá tú lo probaras
antes que yo lo dijera.

Porque cuanto alabo aquí
de su crédito lo quito;
pues el contentarme a mí
bastará para que a ti
no te venga en apetito."

Licio mucho más le hablara
y tenía más que hablalle,
si ella no se lo estorbara,
que con desdeñosa cara
al triste dice que calle.

Volvió a sus juegos la fiera,
y a sus llantos el pastor,
y de la misma manera
ella queda en la ribera
y él en su mismo dolor.

ANÓNIMO
(Siglo XVI)

ROMANCE DE ROSA FRESCA

Rosa Fresca, Rosa Fresca,
tan garrida y con amor,
cuando vos tuve en mis brazos,
no vos supe servir, no,
y agora que os serviría,
no vos puedo yo haber, no.
—Vuestra fue la culpa, amigo;
vuestra fue, que mía no;
enviásteme una carta
con un vuestro servidor,
y en lugar de recaudar
él dijera otra razón:
que érades casado, amigo,
allá en tierra de León;
que tenéis mujer hermosa
y hijos como una flor.
—Quien vos lo dijo, señora,
no nos dijo verdad, no;
que yo nunca entré en Castilla
ni allá en tierras de León,
sino cuando era pequeño
que no sabía de amor.

BALTASAR DE ALCÁZAR
(1530-1606)

UNA CENA

En Jaén, donde resido,
vive don Lope de Sosa,
y diréte, Inés, la cosa,
más brava de él que has oído.
Tenía este caballero
un criado portugués...
Pero cenemos, Inés,
si te aprece, primero.
La mesa tenemos puesta,
lo que se ha de cenar, junto;
las tazas del vino, a punto;
falta comenzar la fiesta.
Comience el vinillo nuevo,
y échole la bendición;
yo tengo por devoción
de santiguar lo que bebo.
Franco fue, Inés, este toque;
pero arrójame la bota,
vale un florín cada gota
de aqueste vinillo aloque.
¿De qué taberna se trajo?

Mas ya... de la del castillo;
dieciséis vale el cuartillo;
no tiene vino más bajo.
Por Nuestro Señor, que es mina
la taberna de Alcocer;
grande consuelo es tener
la taberna por vecino.
Si es o no invención moderna,
vive dios que no lo sé,
pero delicada fue
la invención de la taberna;
porque allí llego sediento,
pido vino de lo nuevo,
mídenlo, dánmelo, bebo,
págolo y voyme contento.
Esto, Inés, ello se alaba,
no es menester alaballo;
sólo una falta le hallo:
que con la priesa se acaba.
La ensalada y salpicón
hizo fin: ¿qué viene ahora?
La morcilla, ¡oh gran señora,
digna de veneración!
¡Qué oronda viene y qué bella!
¡Qué través y enjundia tiene!
Paréceme, Inés, que viene
para que demos en ella.
Pues sús, acógese y entre,
que es algo estrecho el camino;
no eches agua, Inés, al vino,
no se escandalice el vientre.
Echa de lo trasañejo,
porque con más gusto, comas;
Dios te guarde, que así tomas,
como sabia, mi consejo.
Mas di, ¿no adoras y precias

la morcilla ilustre y rica?
¡Cómo la traidora pica!
Tal debe tener especias,
¡qué llena está de piñones!
Morcilla de cortesanos,
y asada por esas manos,
hechas a cebar lechones.
El corazón me revienta
de placer; no sé de ti
cómo te va. Yo por mí
sospecho que estás contenta.
Alegre estoy, vive Dios;
mas oye un punto sutil,
¿no pusiste allí un candil?
¿Cómo me parecen dos?
Pero son preguntas viles;
ya sé lo que puede ser:
con este negro beber
se acrecientan los candiles.
Probemos lo del pichel,
alto licor celestial;
no es el aloquillo tal,
no tiene que ver con él.
¡Qué suavidad! ¡Qué clareza!
¡Qué rancio gusto y olor!
¡Qué paladar! ¡Qué color!
¡Todo con tanta fineza!
Mas el queso sale a plaza,
la moradilla va entrando,
y ambos vienen, preguntando
por el pichel y la taza.
Prueba el queso, que es extremo,
El de Pinto no le iguala;
pues la aceituna no es mala,
bien puede bogar su remo.
Haz, pues, Inés, lo que sueles,

daca de la bota llena
seis tragos; hecha es la cena,
levántense los manteles.
Ya que, Inés, hemos cenado
tan bien y con tanto gusto,
parece que será justo
volver al cuento pasado.
Pues sabrás, Inés hermana,
que el portugués cayó enfermo...
Las once dan, yo me duermo;
quédese para mañana.

ALONSO DE ERCILLA
(1533-1594)

LA ARAUCANA
(*Fragmento*)

Tomé y otros caciques me metieron
en medio de estos bárbaros de presto
y con dificultad los departieron
que no hicieron poco en hacer esto:
de herirse lugar aún no tuvieron,
y en voz airada, ya el temor pospuesto,
Colocolo, el cacique más anciano,
a razonar así tomó la mano:
"Caciques, del estado defensores,
codicia del mandar no me convida
a pesarme de veros pretensores
de cosa que a mí tanto era debida:
porque según mi edad, ya veis, señores,
que estoy al otro mundo de partida;
mas el amor que siempre os he mostrado
a bien aconsejaros me ha incitado...
¿Qué furor es el vuestro, ¡oh araucanos!,
que a perdición os lleva sin sentillo?
¿Contra nuestras entrañas tenéis manos,
y no contra el tirado en resistillo?

Teniendo tan a golpe a los cristianos,
¿volvéis contra vosotros el cuchillo?
Si gana de morir os ha movido,
no sea en tan bajo estado y abatido.
   Volved las armas y ánimo furioso
a los pechos de aquellos que os han puesto
en dura sujeción con afrentoso
partido, a todo el mundo manifesto;
lanzad de vos el yugo vergonzoso;
mostrad vuestro valor y fuerza en esto:
no derraméis la sangre del estado,
que para redimir nos ha quedado…"

FRANCISCO DE LA TORRE
(1534-1594)

SONETO

Ésta es, Tirsis, la fuente do solía
contemplar tu beldad mi Filis bella;
éste el prado gentil, Tirsis, donde ella
su hermosa frente de su flor ceñía.

Aquí, Tirsis, la vi cuando salía
dando la luz de una y otra estrella;
allí, Tirsis, me vido, y tras aquella
haya se me escondió y ansí la vía.

En esta cueva desde monte amado
me dio la mano y me ciñó la frente
de verde hierba y de violetas tiernas.

Al prado y haya y cueva y monte y fuente
y al cielo desparciendo olor sagrado,
rindo de tanto bien gracias eternas.

ODAS

Tirsis, ¡ah Tirsis!, vuelve y endereza
tu navecilla contrastada y frágil

97

a la seguridad de puerto; mira
que se te cierra el cielo.

El frío bóreas, y el ardiente Noto,
apoderados de la mar insana,
anegaron ahora en este piélago
una dichosa nave.

Clamó la gente mísera, y el cielo
escondió los clamores y gemidos
entre los rayos y espantosos truenos
de su turbada cara.

¡Ay!, que me dice tu animoso pecho
que tus atrevimientos mal regidos
te rodean según caso desastrado
al romper de tu Oriente.

No ves, cuitado, que el hinchado Noto
trae en sus remolinos polvorosos
las imitadas mal seguras alas
de un atrevido mozo.

No ves que la tormenta rigurosa
viene del abrasado monte, donde
yace muriendo vivo el temerario
Encéfalo y Tifeo.

Conoce, desdichado, tu fortuna,
y prevén a tu mal, que la desdicha
revenida con tiempo penetra
tanto como la súbita.

¡Ay, que te pierdes, vuelve, Tirsis, vuelve
tierra, tierra que brama tu navío

hecho prisión, y cueva sonorosa
de los hinchados vientos.

Allá se avenga el mar, allá se avengan
los mal regidos súbditos del fiero
Eolo, con soberbios navegantes
que su furor desprecian.

Miremos la tormenta rigurosa
desde la playa, que el airado cielo
menos se encruelece de contino
con quien se anima menos.

LA CIERVA

Doliente cierva, que el herido lado
de ponzoñosa y cruda yerba lleno,
buscas el agua de la fuente pura,
con el cansado aliento que en el seno
bello de la corriente sangre hinchado,
débil y decaída tu hermosura;
¡ay!, que la mano dura
que tu nevado pecho
ha puesto en tal estrecho,
gozosa va con tu desdicha cuando
cierva mortal, viviendo, estás penando
tu desangrado y dulce compañero,
el regalado y blando
pecho pasado de veloz montero.

Vuelve, cuitada, vuelve al valle donde
queda muerto tu amor, en vano dando
términos desdichados a tu suerte.
Morirás en su seno, reclinando

la beldad que la cruda mano esconde
delante de la nube de la muerte.
Que el paso duro y fuerte,
ya forzoso y terrible,
no puede ser posible
que le excusen los cielos, permitiendo
crudos astros que muera padeciendo
las asenchanzas de un montero curdo
que te vino siguiendo
por los desiertos de este campo mudo.

Mas, ¡ay!, que no dilatas la inclemente
muerte, que en tu sangriento pecho llevas,
del crudo amor vencido y maltratado;
tú con el fatigado aliento pruebas
a rendir el espíritu doliente
en la corriente de este valle amado.
Que el ciervo desangrado,
que contigo la vida
tuvo por bien perdida,
no fue tampoco de tu amor querido,
que habiendo tan cruelmente padecido
quieras vivir sin él, cuando pudieras
librar el pecho herido
de crudas llagas y memorias fieras.

Cuando por la espesura de este prado
como tórtolas solas y queridas
solos y acompañados anduvisteis;
cuando de verde mirto y de floridas
violetas, tierno acanto y lauro amado,
vuestras frentes bellísimas ceñisteis;
cuando las horas tristes,
ausentes y queridos,
con mil mustios bramidos

ensordecisteis la ribera umbrosa
del claro Tajo, rica y venturosa
con vuestro bien, con vuestro mal sentida
cuya muerte penosa
no deja rastro de contenta vida.

Agora el uno, cuerpo muerto lleno
de desdén y de espanto, quien solía
ser ornamento de la selva umbrosa;
tú, quebrantada y mustia, al agonía
de la muerte rendida, el bello seno
agonizando, el alma congojosa;
cuya muerte gloriosa,
en los ojos de aquellos
cuyos despojos bellos
son victorias del crudo amor furioso,
martirio fue de amor, triunfo glorioso
con que corona y premia dos amantes
que del siempre rabioso
trance mortal salieron muy triunfantes.

Canción, fábula en tiempo, y caso agora,
de una cierva doliente, que la dura
flecha del cazador dejó sin vida,
errad por la espesura
del monte que de gloria tan perdida
no hay sino lamentar su desventura.

FERNANDO DE HERRERA
(1534-1597)

SONETOS

Alégrate, Danubio ympetuoso,
de quien huyó el tirano de Oriente;
tú, Alfeo sacro y Ebro caudaloso,
sugetos a esa bárbara y vil gente;

que la preza con lazo riguroso
que enfrena el curso a vuestra gran corriente,
Betys quebrantará victorioso
y vuestro imperio juntará a Occidente.

Veréys al fiero y áspero tirano
dexar del largo Éufrates esta parte,
por fuerça y sangre y hierro y fuego y muerte.

Y çerradas las puertas del dios Iano,
sossegará, domesticado, Marte,
con vuestra diestra y gloriosa suerte.

***

Rosas de nieue y púrpura vestidas,
coral roxo en marfil resplandeciente,

estrellas que ilustáys la pura frente,
en oro fino hebras esparzidas:

pues mi dolor y penas ençendidas
el duro pecho vuestro no consiente,
o él es de vmana suerte diferente,
o estáys en blanca piedra conuertidas.

Y avnque ensalçado está en diuina alteza,
premio de vuestra eterna hermosura,
por vos está obligado a más terneza;

si no, seréys de Çipro la figura,
quen la perdida muestra de belleza
encubría la piedra ingrata y dura.

**

Al canto deste cisne, i voz doliente,
que se quexa en el sacro Hesperio río,
Betis, del arenoso assiento frío,
alçó, rebuelta en ovas, l'alta frente:

"Tú serás grande gloria de Occidente",
dixo, "i eterna fe del onor mío;
i Galatea, i la ascondida Espío,
responderá a tu canto dulcemente.

Daráme el ruvio Tajo la vitoria;
Tajo, del tierno Lasso celebrado,
i al Arno seré igual en la nobleza."

Callí, i las ondas levantó en su gloria;
resuena luego el hondo seno i vado
con dulce boz i con mayor pureza. [...]

**

El sátiro qu'el fuego vio primero,
de su vida esplendor todo vencido,
llegó a tocallo, mas provó, encendido,
qu'era, cuanto hermoso, ardiente i fiero.

Yo, que la pura luz do ardiendo muero
mísero vi, engañado i ofrecido
a mi dolor, en llanto convertido
acabar no pensé, como ya espero.

Belleza i claridad antes no vista
dieron principio al mal de mi desseo,
dura pena i afán a un rudo pecho.

Padesco el dulce engaño de la vista;
mas si me pierdo con el bien que veo,
¿cómo no estoi ceniza todo hecho?

***

Órrido ivierno, que la luz serena
i agradable color del puro cielo
cubres d'oscura sombra i turbio velo
con la mojada faz de nieblas llena:

Buelve a la fría gruta, i la cadena
del nevoso aquilón; i en aquel ielo
qu'oprime con rigor el duro suelo,
las furias de tu ímpetu refrena.

Qu'en tanto qu'en tu ira embravecido
assaltas el divino esperio río
que corre al sacro seno d'Occidente,

yo triste, en nuve eterna del olvido,
culpa tuya, apartado del Sol mío,
no m'eciendo en los rayos de su frente.

***

Al mar desierto, en el profundo estrecho,
entre las duras rocas, con mi nave
desnuda, tras el canto voi suäve
que forçado me lleva a mi despecho.

Temerario desseo, incauto pecho,
a quien rendí de mi poder la llave,
al peligro m'entregan fiero i grave,
sin que pueda apartarme del mal hecho.

Veo los uessos blanquear, i siento
el triste son de la engañada gente,
i crecer de las ondas el bramido.

Huir no puedo ya mi perdimiento,
que no me da lugar el mal presente,
ni osar me vale en el temor perdido.

***

Como la vida en esperar un día
de fingido plazer; huyen los años,
i nacen dellos mil sabrosos daños
qu'esfuerçan el error de mi porfía.

Los passos por do voi a mi alegría
tan desusados son i tan estraños,
que al fin van a acabars'en mis engaños,
i dellos buelvo a començar la vía.

Descubro en el principio otra esperança,
si no mayor, igual a la passada,
i en el mesmo desseo persevero.

Mas luego torno a la común mudança
de la suerte en mi daño conjurada,
y esperando contino desespero.

ELEGÍA

No bañes en el mar sagrado i cano,
callada Noche, tu corona oscura,
antes d'oir este amador ufano.

I tú alça de la única hondura
las verdes hebras de la bella frente,
de Náyades loçana hermosura.

Aquí do el grande Betis ve presente
l'armada vencedora qu'el Egeo
manchó con sangre de la turca gente,

quiero dezir la gloria en que me veo;
peor no cause invidia este bien mío
a quien aun no merece mi desseo.

Sossiega el curso tú, profundo río;
oye mi gloria, pues también oíste
mis quexas en tu puro assiento frío.

Tú amaste i, como yo, también supiste
del mal dolerte, i celebrar la gloria
de los pequeños bienes que tuviste.

Breve será la venturosa istoria
de mi favor, que breve es l'alegría
que tiene algún lugar en mi memoria.

Cuando del claro cielo se desvía
del sol ardiente el alto carro apena,
i casi igual espacio muestra el día,

con blanda voz, qu'entre las perlas suena,
teñido el rostro de color de rosa,
d'onesto miedo i d'amor tierno llena,

me dixo assí la bella desdeñosa
qu'un tiempo me negava la esperança,
sorda a mi llanto i ansia congoxosa:

"Si por firmeza i dulce amar s'alcança
premio d'Amor, yo tener bien devo
de los males que sufro más holgança."

PABLO DE CÉSPEDES
(1538-1608)

DURACIÓN DE LA TINTA
(*Fragmento del poema "El arte de la pintura"*)

Tiene la eternidad ilustre asiento
en este humor, por siglos infinitos,
no en el oro o el bronce, ni ornamento
vario, ni en los colores exquisitos:
la vaga fama con robusto aliento
en él esparce los canoros gritos
con que celebra las famosas lides
desde la India a la ciudad de Alcides...

Los soberbios alcázares alzados
en los latinos montes hasta el cielo,
anfiteatros y arcos levantados
de poderosa mano y noble celo,
por tierra desparcidos y asolados
son polvo ya que cubre el yermo suelo;
de su grandeza apenas la memoria
vive y el nombre de pasada gloria...

Todo se anega en el Estigio lago;
oro esquivo, nobleza, ilustres hechos;
el ancho imperio de la gran Cartago
tuvo su fin con los soberbios techos;

sus fuertes muros de espantoso estrago
sepultados encierra en sí y deshechos
el espacioso puerto, donde suena
ahora el mar en la desierta arena…

    ¡Cuántas obras la tierra avara esconde,
que ya ceniza y polvo las contemplo!
¿Dónde el bronce labrado y oro, y dónde
atrios y gradas del asirio templo,
al cual de otro gran rey nunca responde
de alta memoria peregrino ejemplo?
Sólo el decoro que el ingenio adquiere
se libra de morir o se difiere.

    No creo que otro fuese el sacro río
que al vencedor Aquiles y ligero
le hizo el cuerpo con fatal rocío
impenetrable al homicida acero,
que aquella trompa y sonoroso brío
del claro verso del eterno Homero,
que viviendo en la boca de la gente
ataja de los siglos la corriente…

JUAN DE LA CUEVA
(1559-1609)

Desengañado estoy de la esperanza
que fabriqué al sabor del pensamiento,
pues viene a resolverse en sombra y viento
aquello en que fundé mi confianza.

En cuanto hay conozco haber mudanza,
en todo veo contrario mundamiento,
si no en mí y en quien causa mi tormento,
que es eterno mi amor y su venganza.

De mi estrella procede el rigor de esto,
que no es posible que me ofenda tanto
un ángel, en quien vive el alma mía.

Y engáñome en tan ciego presupuesto,
que a mi atrevida y loca fantasía
digna paga es vivir en pena y llanto.

FRANCISCO MEDRANO
(1545-1607)

EL RUBÍ DE TU BOCA...

El rubí de tu boca me rindiera,
a no haberme tu bello pie rendido;
hubiéranme tus manos ya prendido,
si preso tu cabello no me hubiera.
Los del cielo por arcos conociera
si tus ojos no hubiera conocido;
fuera tu pelo norte a mis sentidos,
si la luz de tus ojos no fuera.
Así le plugo al cielo señalarte,
que no ya sólo al norte y arco bello
tus cejas venzan y ojos soberanos;
mas, queriendo a ti misma aventajarte,
tu pie la fuerza usurpa, y tu cabello
a tu boca, Amarili, y a tus manos.

YO VI ROMPER

Yo vi romper aquestas vegas llanas,
y crecer vi y romper en pocos meses
estas ayer, Sorino, rubias mieses,

breves manojos hoy de espigas canas.
Éstas vi, que hoy son pajas, más ufanas
sus hojas desplegar para que vieses
vencida la emeralda de sus enveses,
las perlas en su haz por las mañanas.
Nació, creció, espigó y granó un día
lo que ves con la hoz hoy derrocado,
lo que entonces tan vivo parecía.
¿Qué somos pues, qué somos? Un traslado
desto, una mies, Sorino, más tardía;
y ¡a cuántos sin granar, los ha segado!

SONETO

Estos de pan llevar campos ahora,
fueron un tiempo Itálica, este llano
fue templo; aquí a Teodosio, allí a Trajano
puso estatuas su patria vencedora.

En este cerco fueron Lamia y Flora
llama y admiración del vulgo vano;
en este cerco el luchador profano
del aplauso esperó la voz sonora.

¡Cómo feneció todo! ¡Ay! Más seguras,
a pesar de fortuna y tiempo, vemos
estas y aquellas piedras combatidas;

mas, si vencen la edad y los extremos
del mal piedras calladas y sufridas,
suframos, Amarilis, y callemos.

ALFONSO DE BARROS
(?-1598)

PROVERBIOS MORALES
(*Fragmento*)

Cuanto más lo considero,
más me lastima y congoja
ver que no se muda hoja
que no me cause algún daño;
aunque, si yo no me engaño,
todos jugamos un juego,
y un mismo desasosiego
padecemos sin reposo;
pues no tengo por dichoso
al que el vulgo se lo llama,
ni por verdadera fama
la voz de solos amigos.
Ni por fieles testigos
los que son apasionados.
Ni tampoco por honrados
los que no son virtuosos.
Ni los que son envidiosos
por vecinos de codicia.
Ni pienso que hará justicia
el que no tiene conciencia.

113

Ni al que le falta experiencia
tendré por buen consejero.

Ni capitán que presuma
de serlo, no estando alerta.

Ni el cobarde hallará puerta
segura para escaparse.

Ni acertará a disculparse
el que hiciere cosa fea.

Ni tiene cebo el amor
como amar y ser amado.
Ni más infelice estado
que es el falto de esperanza.

Ni hay quien tenga vida larga
que no tenga larga pena.

Ni es sabio el que se condena
por culpa que otro merece.

Ni puede un engaño estar
por mucho tiempo ocultado.

Ni hay hombre muy descuidado
que también no sea perdido.

Ni más cierto y deleitoso
amigo que el libro bueno.

Ni sabio que en vicio ajeno,
para el suyo no escarmiente.

Ni falta jamás qué hacer
al que bien quiere ocuparse.

Ni puede alguno librarse
de envidia o de menosprecio.

Ni hay provecho cual gastar
bien el tiempo antes que acabe.

Ni sabe poco el que sabe
vencer su dificultad.

Ni tan ligera saeta
como el pensamiento humano.

Ni más bárbaro tirano
que el que con muerte castiga.

Ni hay milón tan esforzado
a quien no venza un mosquito.

Ni término más finito
ni infinito que el del hombre.

Ni caudal tan suficiente
que baste al gasto de un loco.

Ni quien suba poco a poco,
que no descienda rodando.

Ni se puede una verdad,
si es cruda, dar a comer.

Ni hay quien se pueda valer
contra su propio deseo.

Ni puede haber calidad
de que el hombre no sea dino.

Ni más bravo desatino
que el desprecio de la vida.

Ni ofensa que se haya hecho
que a tiempo no resucite.

Ni habrá contento que quite,
tan solamente una cana.

Ni manjar tan exquisito
que mucho tiempo no enfade.

Ni vicio que más agrade
que no remuerda o condene.

Ni loco y desenfrenado
como el ignorante y rico.

Ni grande que no sea chico
si carece de virtud.

Ni aprovecha un buen varón
tanto como daña un malo.

Ni es menester gran regalo
para conservar la vida.

Ni hay precio que satisfaga
al hombre que es codicioso.

Ni está alegre el envidioso
no estando el vecino triste.

Ni amistad con interés,
que pueda mucho durar.
Ni quien guste de tratar
con amigo que empobrece.
Ni hay alguno tan sabido
que sepa lo que le basta.
Ni es justo que por ser casta
la mujer se haga insufrible.
Ni habrá tan cierta victoria
como una segura paz.
Ni razón más eficaz
que el ejemplo y la experiencia.
Ni será una medicina
para todos los humores.
Ni jamás vi dos señores
que quieran juntos mandar.
Ni comienza el hombre sabio,
sin gran consejo, gran cosa.
Ni puede ser provechosa
reprehensión con menosprecio.
Ni está lejos de negar
el que duda en responder.
Ni hay cosa que a la mujer
sea más propia que el adorno.
Ni se deben diferir
las cosas para maña.
Ni aunque es sabrosa, muy sana
la salsa de murmurar.
Ni hay caudal que a la doncella
iguale a ser vergonzosa.
Ni hay vida más deleitosa
que el estudio en cosas varias.
Ni hay buena conversación
que no deleite el sentido.
Ni plazo menos sabido
ni más cierto que la muerte.

Ni quien ame o aborrezca
sin medio, si no es mujer.
   Ni es a todos el leer
igualmente provechoso.
   Ni suele ser la riqueza
de la vida compañera.
   Ni hay amistad verdadera
entre el rico y el que es pobre.
   Ni hay cosa más natural
que al ingenio ser curioso.
   Ni hay artificio engañoso,
que el tiempo no lo descubra.
   Ni presteza y providencia
a quien fortuna no asista.
   Ni hay fuerza que no resista
contra el poder de verdad.
   Ni necio más arrogante
que un bajo con dignidad.
   Ni quien tenga libertad
contra aquel que algo le dio.
   Y pues llega el San Martín
del mayor y del menor,
   cada uno en su dolor
se consuele, que no hay mal
   a quien le falte su igual,
y serán sus duelos menos,
   medidos con los ajenos.

JUAN RUFO
(1547-1622?)

CARTA A SU HIJO SIENDO MUY NIÑO

Dulce hijo de mi vida,
juro por lo que te quiero
que no ser el mensajero
me causa pena crecida.

Mas no cumplirás tres años
sin que yo, mi bien, te vea,
porque alivio se provea
al proceso de mis daños.

A Dios, que mi pecho entiende,
le pide, pues ángel eres,
lo ordene como tú quieres
y tu padre lo pretende.

Dos veces al justo son
las que Febo ha declinado
hasta el Capricorinio helado
desde el ardiente León,

después que, hijo querido,

puse tanta tierra en medio,
más por buscar tu remedio
que mi descanso cumplido.

Espérame, que ya voy
do te veré y me verás,
puesto que conmigo estás
a donde quiera que estoy.

Mas al fin de esta jornada
espero, sin falta alguna,
a pesar de la fortuna,
que seremos camarada.

Prenderé tu blanca mano
con esta no blanca mía,
y hacerte he compañía,
como si fueras anciano.

Y si algún camino luengo
te cansa, o causa embarazos,
llevarte he sobre mis brazos
como en el alma te tengo.

Darte he besos verdaderos,
y, transformándome en ti,
parecerán bien en mí
los ejercicios primeros:

trompos, cañas, morterillos,
saltar, brincar y correr,
y jugar al esconder,
cazar avispas y grillos,

andar a la coxcojita
con diferencias de trotes

y tirar lisos virotes
con arco y cuerda de guita.

Chifle en hueso de albarcoque;
pelota blanca y liviana,
y tirar por cerbatana
garbanzo, china y bodoque.

Hacer de la haba verde
capilludos frailecillos,
y de las guindas zarcillos,
joyas en que no se pierde.

Zampoñas de el alcacel,
y de cogollos de cañas
reclamos, que a las arañas
sacan a muerte cruel.

Romper una amapola,
hoja por hoja, en el frente,
y escuchar a quien nos cuente
las consejas de Bartola.

Llamaremos, si tú quieres,
por escusarnos de nombres,
tíos a todos los hombres
y tías a las mujeres.

Columpio en que nos mezcamos,
colchones en que trepemos,
nueces para que juguemos,
y algunas que nos comamos.

Cuarto lucio en el zapato,
mendrugos en faltriquera

con otra cosa cualquiera,
y sacar de rato en rato.

Tener en un agujero
alfileres y rodajas,
y asechar por las sonajas
cuando pasa el melcochero.

Y porque mejor me admitas
de tus gustos a la parte,
cien melcochas pienso darte
y avellanas infinitas.

Mazapanes y turrón,
dátiles y confitura,
y, entre alcorzada blancura,
el rosado canelón.

Mas cuando sufra tu edad
tratar de mayores cosas,
con palabras amorosas,
te enseñaré la verdad,

no con rigor que te ofenda,
ni blandura que te dañe,
ni aspereza que te estrañe,
ni temor que te suspenda;

antes con sana dotrina
y término compasado
conforme soy obligado
por ley humana y divina.

Mas pues la vida es incierta,
y no sé, por ser mortal,

si al entrar tú por el umbral
saldré yo por la otra puerta,

esto que escribiere aquí
con paternal afición,
en los años de razón
traslada, mi hijo, en ti.

Verás la fe encareciada
con que puede y quise amarte
y quisiera gobernarte
en las ondas de tu vida,

en cuyo corto viaje
hallarás tormentas largas,
mudanzas, disgustos, cargas
y mal seguro pasaje.

Verás cómo nace el hombre
llorando, pobre y desnudo,
tan miserable y tan rudo,
que aun no muestra solo el nombre.

Verás después las potencias
ir valiendo, y los sentidos
ser dellas ennoblecidos
con avisos y esperiencias.

Verás que cada animal,
conforme su inclinación,
sigue la disposición
de su instinto natural,

y sólo el hombre pervierte
sus justas obligaciones,

si no vence sus pasiones,
como valeroso y fuerte.

Reloj es cierto y solar
el bruto, y así nos muestra
lo que otra causa le adiestra,
sin dello un punto faltar.

El hombre es globo y esfera,
y al de ruedas comparado,
que, estando bien concertado,
trae su cuenta verdadera.

Más si prudencia no rige
de su curso el movimiento,
por una da hasta ciento,
y el tiempo no le corrigue.

Sabe, hijo, que, si vas
por el derecho camino,
un espíritu divino,
un ángel parecerás.

Mas si tuerces la carrera
en esta vida mortal,
quedarás de racional
transformado en bestia fiera.

Tu secreto en cualquier cosa
comunícale contigo,
y no obligues a tu amigo
a carga tan peligrosa.

Si te es difícil cubrillo,
como muchas veces suele,

el otro, a quien menos duele,
¿qué hará sino decillo?

De la dudosa esperanza
nunca hagas certidumbre,
pues, por natural costumbre,
aun en lo cierto hay mudanza.

Deja siempre la porfía
primero que se comience;
porque sin duda la vence
el que della se desvía.

Afable comedimiento
alaben todos en ti,
porque resbalar de aquí
es de bajo entendimiento.

Y ya que no por igual
trates a los desiguales,
no les quites, sino dales
en su tanto a cada cual.

Lo que cierto no supieres,
no te hagas dello autor:
callarlo es mucho mejor,
mientras dudoso estuvieres;

que quien afirma lo incierto
es hombre de poco vaso,
y el decir verdad acaso
imita el mentir más cierto.

Aunque sustenta el honor
el haber que poseemos,

de los dos malos estremos
ser pródigo es el menor.

Es hacienda peligrosa
la que se gasta sin tiento;
mas la del triste avariento,
necesidad muy forzosa.

Al hombre que fuere así,
que no le trates te digo,
porque mal será tu amigo
el enemigo de sí.

De los celosos casados
algunos vimos caer;
pero no vienen a ser
tantos como confiados,

Porque si la sujeción
(cuando es mucha) las despierta,
¿qué hará abrilles la puerta
de libertad y ocasión?

Tú hijo, en este contrato
abraza el seguro medio;
que no es áspero remedio
el moderado recato.

Ten siempre puesta la mira
en tratar pura verdad,
porque es gran calamidad
el ser cogido en mentira.

Esto es fácil de inferir;
pues no hay razón que consienta

que sea el *mentís* afrenta,
y que no lo sea el mentir.

Y los que usan juramentos
por ser más acreditados,
tenlos tú por defraudados
del blanco de sus intentos;

porque bien está entendido
que suele fabulizar
quien piensa que sin jurar
no merece ser creído.

También se jura por uso;
mas, como quiera que sea,
deshonra y culpa acarrea
la liciencia deste abuso.

No aflijas al afligido;
que, a las veces, el que ha errado
tiene enmienda consolado,
mejor que reprehendido.

No fíes en los placeres,
porque pasan como viento,
y cuando estés descontento,
disimula si pudieres;

porque el mal comunicado,
aunque dien que es menor,
no arguye tanto valor
como el secreto y callado.

Ten mancilla al invidioso
que se aflige sin provecho,

alimentando en su pecho
el áspid más ponzoñoso.

Es la invidia testimonio
que deno vil flaqueza,
es malicia, y es simpleza;
es desdicha, y es demonio.

Holgar con el bien ajeno
es ser partícipe dél,
piedra de toque fiel
en que se conoce el bueno.

Las blancas sienes, que son
lustre, corona y riqueza,
si el seso tiene pobreza,
lastiman el corazón.

Porque a la florida edad,
en vicios desenfrenada,
sucede vejez pesada,
con torpe simplicidad.

Y así, pasando los años
con su curso acelerado,
crece el martirio pesado
y huyen los desengaños.

Las horas y su medida
debes, hijo, conocer,
y echar en ellas de ver
la brevedad de la vida.

Son números compasados,
leguas de la senda humana,

descripción fácila y llana
de los esféricos grados.

Son métrica distinción
de los cuadrantes del día,
de cuya acorde armonía
traste y compases son.

Son de el tiempo y su vejez
la más corriente moneda;
joyas de rica almoneda;
sellos del número diez.

Son de el sol eternamente
centinelas veladoras;
discretas compartidoras
de los tratos de la gente.

Son alivio del tormento,
son esperanza del bien,
y un alfabeto por quien
discurre el entendimiento.

Son macizos eslabones
que abrazan los elementos;
condutos y ligamentos
de los anales sazones.

Son principio desde cuando
el primero comenzó;
tiempo que se anticipó
a todos los de su bando.

Porque el minuto y momento
y los átomos instables
no fueron considerables
hasta llegar a su aumento,

así como no es persona
un miembro, ni una fación,
ni la unidad, con razón,
por número se pregona.

Así que las horas fueron
términos fundamentales
de tiempos inmemoriales
que en siglos se convirtieron,

y serán al fin postrero
remate de la jornada,
cuando vuelva el primer nada,
y cierran ellas el cero.

Las horas son para orar,
y el que ignora es un orate,
como el que espera combate
sin armas para lidiar,

y son, mi hijo querido,
para consideración
de que las cosas que son
pasarán cual las que han sido.

Obra con peso y medida,
y cojerás con decoro
de las horas aquel oro
que enriquece más la vida;

Y contino se te acuerde
de que el tiempo bien gastado,
aunque parezca pasado,
no se pasa ni se pierde.

Pásase y piérdese aquél
que los hombres gasta mal,
y es desdicha sin igual
que se pierden ellos y él.

Todo el tiempo que vivimos,
hacia el morir caminamos,
rodeando, si velamos,
y atajando, si dormimos.

Del que te burló primera,
guárdate la vez segunda;
y si en efecto segunda,
vélate bien la tercera.

Y piensa que el trato vil
redunda en tu menosprecio:
que si eres tres veces necio,
lo serás trescientas mil.

Nunca digas mala nueva,
y, si descanso codicias,
no le arriendes las albricias
al correo que la lleva.

Esto, hijo, no se entiende
cuando pueda el desengaño
evitar un nuevo daño
que del primero depende.

Más vale un tardar prudente,
aunque cause pena esquiva,
que la priesa intempestiva,
si el caso no la consiente.

Que mejor es con trabajo
esperar lo deseado
que perder lo trabajado
por codicia de un atajo.

No quiero decirte más;
que lo divino y humano
es un fácil canto llano,
si razón llevas el compás.

Si el colegio de Talía
te diere furor divino,
sigue el honesto camino,
y nunca dél te desvía.

Sean por ti celebrados
los generosos motivos;
no los amores lascivos,
ni gustos desenfrenados.

Los insignes caballeros
que murieron en la guerra;
no sátiros en la tierra,
ni en el mar ninfas en cueros.

Las obras dignas de fama
cantarás en grave estilo;
no las riberas de Nilo,
ni mudanzas de una dama.

Oye misa cada día,
y serás de Dios oído;
témele, y serás temido,
como un rey decir solía.

Ama su bondad, y en Él
amarás sus criaturas,
y serán tus obras puras
en este mundo y aquél.

Téngate Dios de su mano,
y, para que el bien te cuadre,
sirve a tu hermosa madre,
ama a Juan tu dulce hermano,
y no me olvides. Tu padre.

INCLUSA

La vida es largo morir,
y el morir, fin de la muerte:
procura morir de suerte,
que comiences a vivir.

MIGUEL DE CERVANTES SAAVEDRA
(1547-1616)

DE SÍ MISMO DICE

Yo corté con mi ingenio aquel vestido
con que al mundo la hermosa *Galatea*
salió para librarse del olvido.

Soy por quien *La Confusa*, nada fea,
pareció en los teatros admirable
si esto a su fama es justo se le crea.

Yo, con mi estilo en parte razonable,
he compuesto comedias que, en su tiempo,
tuvieron de lo grave y de lo afable.

Yo he dado en *Don Quixote* pasatiempo
al pecho melancólico y mohíno,
en cualquiera razón, en todo tiempo.

Yo he abierto en mis *Novelas* un camino
por do la lengua castellana puede
mostrar con propiedad un desatino.

Yo soy aquel que en la invención excede
a muchos, y, al que falta en esta parte,
es fuerça que su fama falta quede.

Desde mis tiernos años amé al arte
dulce de la agradable poesía,
y en ella procuré siempre agradarte.

Nunca voló la humilde pluma mía
por la región satírica, baxeza
que a infames premios y desgracias guía.

Yo el soneto compuse que así empieça
por honra principal de mis escritos:
Voto a Dios que me espanta esta grandeza.

Yo he compuesto romances infinitos,
y el *de los zelos* es aquel que estimo,
entre otros, que los tengo por malditos.

Por esto me congoxo y me lastimo
de verme solo en pie, sin que se aplique
árbol que me conceda algún arrimo.

Yo estoy, cual decir suelen, puesto a pique
para dar a la estampa el gran *Persiles*
con que mi nombre y obras multiplique.

Yo en pensamientos castos y sotiles,
dispuestos en sonetos de a dozena,
he honrado tres sugetos fregoniles.

OVILLEJOS
(DEL "QUIJOTE")

¿Quién menoscaba mis bienes?
¡Desdenes!
¿Y quién aumenta mis duelos?
¡Los celos!
¿Y quién prueba mi paciencia?
¡Ausencia!
De este modo en mi dolencia
ningún remedio me alcanza,
pues me matan la esperanza,
desdenes, celos y ausencia.
¿Quién me causa este dolor?
¡Amor!
¿Y quién mi gloria repuna?

        ¡Fortuna!
  ¿Y quién consiente mi duelo?
        ¡El cielo!
De este modo yo recelo
morir deste mal extraño,
pues se aúnan en mi daño
amor, fortuna y el cielo.
  ¿Quién mejorará mi suerte?
        ¡La muerte!
Y el bien de amor, ¿quién le alcanza?
        ¡Mudanza!
Y sus males, ¿quién los cura?
        ¡Locura!
Dese modo no es cordura
querer curar la pasión,
cuando los remedios son
muerte, mudanza y locura.

LUIS BARAHONA DE SOTO
(1548-1595)

CONTRA UN POETA (HERRERA) QUE USABA MUCHO DE ESTAS VOCES EN SUS POESÍAS

Esplendores, celajes, riguroso,
salvaje, llama, líquido, candores,
vagueza, faz, purpúrea, Cintia, ardores,
otra vez esplendores, caloroso;
ufanía, apacible, numeroso,
luengo, osadía, afán, verdor, errores,
otra y quinientas veces esplendores,
más esplendores, crespo, glorioso;
cercos, ásperos, albos, encrespado,
esparcir, espigar, lustres, fatales,
cambiar, y de esplendor otro poquitos;
luces, ebúrneo, nítido, asombrado,
orna, colora, joven, celestiales…
Eso quitado, cierto que es bonito.

VE, SUSPIRO CALIENTE…

Ve, suspiro caliente, al pecho frío
de aquella viva piedra por quien muero;

cual libre va de culpa el mensajero,
aunque no sé a qué parte, aun siendo mío.
Loarte has que en extraño señorío
entraste mis querellas tú el primero
y que ablandaste un corazón de acero,
que se templó en mis ojos, hechos ríos.
Seguro vas, pues el amor te guía,
y más llevando nuevas de mi mente
adónde buscan gloria con mis daños.
Quizá entrará el amor do no solía,
y con el fin de mis pasados años
comenzarán los buenos de mi suerte.

VICENTE ESPINAL
(1550-1624)

LETRILLA

Contentamientos pasados,
¿qué queréis?
Dejadme, no me canséis.
Contentos, cuya memoria
a cruel muerte condena,
ideos de mi enhorabuena,
y pues que no me dais gloria,
no vengáis a darme pena.
Ya están los tiempos trocados,
mi bien llevóselo el viento
no me deis ya más cuidados,
que son, para más tormento,
contentamientos pasados.
No me os mostréis lisonjeros,
que no habéis de ser creídos,
ni me amenacéis con fieros,
porque el temor de perderos
lo perdí en siendo perdidos;
y si acaso pretendéis
cumplir vuestra voluntad
con mi muerte, bien podréis

matarme, y si no, mirad,
¿qué queréis?
Si dar disgusto y desdén
es vuestro propio caudal,
sabed que he dado tal
que aún no me ha dejado el bien
de suerte que sienta el mal:
mas, con todo, pues me habéis
dejado y estoy sin vos,
¡paso!, ¡no me artomentéis!
Contentos, idos con Dios,
dejadme, no me canséis.

CRISTÓBAL DE VIRUÉS
(1550-1609)

CANCIÓN A UNA DONCELLA ANEGADA
EN LA CARRERA DE INDIAS

Alma divina y bella,
que en la celeste cumbre
gozas la luz del sempiterno día,
de quien como centella
diste acá tanta lumbre,
que la mayor del suelo escurecía;
si en esa monarquía
se regocijan con tu alegre entrada,
acá por tu partida
la tierra está vestida
de eterna noche, lóbrega y turbada,
y en vez de fruto y flores,
dan sus entrañas hórridos temblores.
    Y con las voces de Eco
de cada monte y sierra
dice su pena y muestra su cariño,
hiriendo el ancho hueco
donde Dïana encierra
su radïante, casto y puro armiño,
y donde el fuerte niño

que en tus ojos vivió, la madre tiene;
su llanto se acrecienta
tanto como tormenta
a quien el bravo Noto sobreviene
con el alto gemido
del desterrado y huérfano Cupido.
    Tanto lo siente el suelo,
tanto el Amor, que sólo
les puede aventajar mi sentimiento.
Mira qué desconsulo
causaste, fiero Eolo,
con tu desenfrenado atrevimiento,
sólo por dar contento
el gran Neptuno y a su eterno hermano,
con las dos partes bellas,
la una en las estrellas
y la otra en el seno del Océano,
repartiendo de suerte
que el cielo y mar se enriqueció, y la Muerte.
    Como sol verdadero,
Pirena ha hecho el curso,
escondiendo tu luz entre las ondas
del Océano fiero,
donde serás recurso
del gran Neptuno en sus cavernas hondas;
adonde, aunque te escondas,
saldrás en el umbroso alto Orïente
alegrando las almas
que gozan de las palmas
y gloria de la gloria omnipotente;
donde tu gozo y canto
será cuál es acá mi pena y llanto.
    Ya de hoy más id seguros,
felices navegantes,
sin temor de las aguas espantosas.
No busquéis Palinuros

con el cuidado de antes,
pláticos en las sirtes peligrosas:
las Nereidas hermosas,
a servir a Pirena dedicadas,
os guiarán las naves,
y con soplos suaves
serán de vientos prósperos llevadas;
que donde está Pirena,
cosa no puede haber que cause pena.

   Pirena, el dulce acento,
la suave armonía
y tu gran perfeción en hermosura,
el alto entendimiento,
la gracia y gallardía,
el donaire, la gala y la cordura,
que de la niebla escura
de la torpeza humana te alejaron,
lugar santo y divino
buscaban, y convino
hallarle, pues con ansia le buscaron:
y llore quien te llora,
hasta la dulce postrimera hora.

   Canción, la voz confusa y ronco pecho
y el inmenso cuidado
del corazón cuitado,
en aire y fuego y agua ya deshecho,
me dan aviso cierto
que no estoy lejos del seguro puerto.

LUPERCIO LEONARDO DE ARGENSOLA
(1563-1613)

CANCIÓN A LA ESPERANZA

Aplácase muy presto
el temor importuno
y déjase llevar de la esperanza;
infierno es manifiesto
no ver indicio alguno
de que puede en la pena hacer mudanza.
Aflije la tardanza
del bien, pero consuela,
si se espera, saber que el tiempo vuela.
Alivia sus fatigas
el labrador cansado
cuando su yerta barba escarcha cubre,
pensando en las espigas
del agosto abrasado
y en los lagares ricos del octubre;
la hoz se le descubre
cuando el aradro apaña,
y con dulces memorias le acompaña.
Carga de hierro duro
sus miembros y se obliga
el joven el trabajo de la guerra.

Huye el ocio seguro,
trueca por la enemiga
su dulce, natural y amiga tierra;
mas cuando se destierra,
o al asalto acomete,
mil triunfos y mil glorias se promete.

   La vida al mar confía,
y a dos tablas delgadas,
el otro, que del oro está sediento.
Escóndesele el día,
y las olas hinchadas
suben a combatir el firmamento;
él quita el pensamiento
de la muerte vecina,
y en el oro le pone y en la mina.

   Deja el lecho caliente
con la esposa dormida
el cazador solícito y robusto.
Sufre el cierzo inclemente,
la nieve endurecida,
y tiene de su afán por premio justo
interrumpir el gusto
y la paz de las fieras,
en vano cautas, fuertes y ligeras.

   Premio y cierto fin tiene
cualquier trabajo humano,
y el uno llama al otro sin mudanza;
el invierno entretiene
la opinión del verano,
y un tiempo sirve al otro de templaza.
El bien de las esperanza
solo quedó en el suelo
cuando todos huyeron para el cielo.

   Si la esperanza quitas,
¿qué le dejas al mundo?
Su máquina disuelves y destruyes;

todo precipitas
en el olvido profundo,
y ¿del fin natural, Flérida, huyes?
Si la cerviz rehúyes
de los brazos amados,
¿qué premio piensas dar a los cuidados?
   Amor, en diferentes
géneros dividido,
él publica su fin, y quien le admite.
Todos los accidentes
de un amante atrevido
(niéguelo o disimúlelo) permite.
Limite, pues, limite
la avara resistencia:
que, dada la ocasión, todo es licencia.

LA VIDA EN EL CAMPO

   Llevó tras sí los pámpanos otubre
y con las grandes lluvias insolente,
no sufre Ibero márgenes ni puente,
mas antes los vecinos campos cubre.
   Moncayo, como suele, ya descubre
coronada de nieve la alta frente,
y el sol apenas vemos en Oriente,
cuando la opaca tierra nos lo encubre.
   Sienten el mar y selvas ya la saña
del Aquilón, y encierra su bramido
gente en el puerto y gente en la cabaña
   Y Fabio, en el umbral de Tais tendido,
con vergonzosas lágrimas lo baña,
debiéndolas al tiempo que ha perdido.

JOSÉ DE VALDIVIESO
(1560-1638)

A UNA CONVERSIÓN

Lágrimas del alma
ya se depeñan
de las altas torres
de su dureza.
Vila endurecida
más que un mármol fuerte,
buscando su muerte
y huyendo su vida.
Dios, que no la olvida,
llama a la puerta
de las altas rocas
de su dureza.
A su puerta llama,
y dejando el lecho,
del mármol del pecho
dos fuentes derrama:
y Dios, que las ama,
llega a beberlas,
de las altas rocas
de su dureza.
Lágrimas descienden

sobre sus enojos,
y desde sus ojos
los de Dios encienden;
las manos le prenden,
porque hasta Dios llegan,
de las altas rocas
de su dureza.

GASPAR DE AGUILAR
(1561-1623)

CANCIÓN

Ligero pensamiento,
que del profundo abismo a las estrellas
no paras vn momento,
siguiendo el llanto del y el curso dellas,
enfrena las querellas
que dél y dellas formas a millares,
y para en viento solamente pares.

No con alas de cera
el gusto humilde de mi amor desdeñes,
ni vueles de manera
que en vez de despenarte te despeñes;
mejor es que te enseñes
a medir tu esperanza con el brío
del corto quebrantado aliento mío.

Pues en cualquier subida
se prueban los más fuertes y ligeros,
seamos por tu vida
yo en padecer y tú en volar terreros,
mira que tengo aceros
y que es razón que no alcancen tus despojos
yo con la mano y nadie con los ojos.

Pues de subir te agradas
a los rayos del sol inaccesibles,
con las plumas pesadas
de miedos, de peligros, de imposibles,
¡qué vuelos tan terribles
a la grandeza de tu gloria vieras
si de ánimo y de suerte las tuvieras!

LUIS DE GÓNGORA
(1561-1627)

NO SON TODOS RUISEÑORES…

No son todos ruiseñores
los que cantan entre flores,
sino campanillas de plata
que tocan al alba;
sino trompeticas de oro
que hacen la salva
a los soles que adoro.

No todas las voces ledas
son de sireneas con plumas
cuyas humildes espumas
son las verdes almendras,
ni suspendio te quedas
a los suaves clamores.

No son todos ruiseñoes
los que cantan entre flores,
sino campanitas de plata
que tocan al alba;
sinotropetillas de oro

que hacen las salva
a los soles que adoro.

Lo artificioso que admira,
y lo dulce, que cosuela,
no es de aquel violín que vuela
ni desotra inquieta lira;
otro instrumento es quien tira
de los sentidos mejores.

No son todos ruiseñores
los que cantan entre flores,
sino campanitas de plata
que tocan al alba;
sino trompeticas de oro
que hacen la salva
a los soles que adoro.

LAS FLORES DEL ROMERO

Las flores de romero,
niña Isabel,
hoy son flores azules,
mañana serán miel.

Celosa estás, la niña,
celosa estás de aquel
dichoso, pues le buscas,
ciego, pues no te ve,
ingrato, pues te enoja
y confiado, pues
no se disculpa hoy
de lo que hizo ayer.

Enjuguen esperanzas
lo que lloras por él;

que celos entre aquellos
que se han querido bien
hoy son flores azules,
mañana serán miel.

Aurora de ti misma,
que cuando a amanecer
a tu placer empiezas,
te eclipsan tu placer,
serénense tus ojos
y más perlas no des,
porque al sol le está mal
lo que a la Aurora bien.

Desata como nieblas
todo lo que no ves;
que sospechas de amantes
y querellas despúes
hoy son flores azules,
mañana serán miel.

HERMANA MARICA...

  Hermana Marica,
mañana, que es fiesta,
no irás tu a la amiga
ni yo iré a la escuela.
  Pondráste el corpiño,
y la saya buena,
cabezón labrado,
toca y albanega,
  y a mí me pondrán
mi camisa nueva,
sayo de palmilla,
medida de estameña.

Y si hace bueno,
traeré la montera,
que me dio, la Pascua,
mi señora agüela.

Y el estadal rojo,
con lo que le cuelga,
que trujo el vecino
cuando fue a la feria.

Iremos a misa,
veremos la iglesia,
darános un cuarto
mi tía la ollera.

Compraremos dél
(que nadie lo sepa)
chochos y garbanzos
para la merienda.

Y en la tardecica,
en nuestra plazuela,
jugaré yo al toro
y tú a las muñecas,
con las dos hermanas
Juana y Madalena,
y las dos primillas
Marica y la Tuerta.

Y si quiere madre
dar las castañetas,
podrás tanto dello
bailar en la puerta.

Y al son del adufe
cantará Andregüela:
"No me aprovecharon,
mi madre, las yerbas."

Y yo, de papel,
haré una librea,
teñida de moras
porque bien parezca.

Y una caperuza
con muchas almenas:
pondré por penacho
las dos plumas negras,
    del rabo del gallo
que acullá en la huerta
anaranjeamos
las Carnestolendas.
    Y en la caña larga
pondré una bandera,
con dos borlas blancas
en sus trenzaderas.
    Y en mi caballito
pondré una cabeza
de guadamecí;
dos hilos por riendas.
    Y entraré en la calle
haciendo corvetas
yo y otros del barrio,
que son más de treinta.
    Jugaremos cañas
junto a la plazuela
porque Barbolilla
salga acá y nos vea.
    Barbola, la hija
de la panadera,
la que suele darme
tortas con manteca,
    porque algunas veces
hacemos, yo y ella,
las bellaquerías
detrás de la puerta.

BARTOLOMÉ LEONARDO DE ARGENSOLA
(1562-1633)

SONETO

Yo os quiero confesar, don Juan, primero,
que ese blanco y carmín de doña Elvira
no tiene de ella más, si bien se mira,
que el haberla costado su dinero.
   Pero también que confeséis yo quiero,
que es tanta la beldad de su mentira
que en vano a competir con ella aspira
belleza igual en rostro verdadero.
   ¿Qué pues que yo mucho perdido ande
por un engaño tal, ya que sabemos
que nos engaña igual Naturaleza?
   Porque ese cielo azul que todos vemos
ni es cielo ni es azul… ¿Y es menos grande
por no ser realidad tanta belleza?

LOS DIENTES Y LA TOS

Cuatro dientes te quedaron,
si bien me acuerdo; mas dos,
Celia, de una tos volaron;
los otros dos, de otra tos.

Seguramente toser
puedes ya todos los días,
pues no tienen tus encías
la tercera tos que hacer.

OLOR A CHAMUSQUINA

A solas con don Simón
pasa las noches Ruperta;
ella, polluela inexperta,
él, gallo con espolón.

La madre está en la cocina
cerca del candil hilando,
y ronca de cuando en cuando...
¡Me va oliendo a chamusquina!

LOPE DE VEGA
(1562-1635)

¡POBRE BARQUILLA MÍA!

¡Pobre barquilla mía,
entre peñascos rota,
sin velas desvelada
y entre las olas sola!
¿Adónde vas perdida?
¿Adónde, di, te engolfas?
Que no hay deseos cuerdos
con esperanzas locas.

Como las altas naves,
te apartas animosa
de la vecina tierra,
y al fiero mar te arrojas.
Igual en las fortunas,
mayor en las congojas,
pequeña en las defensas,
incitas a las ondas.

Advierte que te llevan
a dar entre las rocas
de la soberbia envidia,

naufragio de las honras.
Cuando costa a costa,
nunca del mar temiste
las iras procelosas.

Segura navegaban;
que por la tierra propia
nunca el peligro es mucho
adonde el agua es poca.

Verdad es que en la patria
no es la virtud dichosa,
no se estima la perla
hasta dejar la concha.

Dirás que muchas barcas
con el favor en popa,
saliendo desdichadas
volvieron venturosas.

No mires los ejemplos
de las que van y tornan,
que a muchas ha perdido
la dicha de las otras.

Para los altos mares
no llevas cautelosa,
ni velas de mentiras,
ni remos de lisonjas.

¿Quién te engañó, barquilla?
Vuelve, vuelve la proa;
que presumir de nave
fortunas ocasiona.

¿Qué jarcias te entretejen?
¿Qué ricas banderolas
azote son del viento
y de las aguas sombra?
¿En qué gavia descubres
del árbol en perspectiva,
del mar incultas orlas?
¿En qué celajes fundas
que es bien echar la sonda,
cuando perdido el rumbo,
erraste la derrota?
Si te sepulta arena,
¿qué sirve fama heroica?
Que nunca desdichados
sus pensamientos logran.

¿Qué importa que te ciñan
ramas verdes o rojas,
que en selvas de corales
salado césped brota?

Laureles de la orilla
solamente coronan
navíos de alto bordo
que jarcías de oro adornan.

No quieras que yo sea,
por tu soberbia pompa,
faetones de barqueros
que los laureles lloran.
Pasaron ya los tiempos
cuando lamiendo rosas
el céfiro bullía
y suspiraba aromas.

Ya fieros huracanes
tan arrogantes soplan
que, salpicando estrellas,
del sol la frente mojan;
ya los valientes rayos
de la vulcana forja,
en vez de torres altas,
abrasan pobres chozas.

Contenta con tus redes,
a la playa arenosa
mojado me sacabas;
pero vivo, ¿qué importa?
Cuando de rojo nácar
se afeitaba la aurora,
más peces te llenaban
que ella lloraba aljófar.

Al bello sol que adoro
enjuta ya la ropa,
nos daba una cabaña
la cama de sus hojas.

Esposo me llamaba,
yo la llamaba esposa,
parándose de envidia
la celestia antorcha.
Sin pleito, sin disgusto,
la muerte nos divorcia;
¡ay de la pobre barca
que en lágrimas se ahoga!

Quedad sobre la arena,
inútiles escolta;
que no ha menester velas
quien a su bien no torna.

Si con eternas plantas
las fijas luces doras,
¡oh dueño de mi barca!
y en dulce paz reposas,
merezca que le pidas
al bien que eterno gozas
que adonde estás, me lleve,
más pura y más hermosa.

Mi honesto amor te obligue;
que no es digna victoria
para quejas humanas
ser las deidades sordas.

Mas, ¡ay!, que no me escuchas.

Pero la vida es corta:
viviendo, todo falta;
muriendo, todo sobra.

NEGRURA

Por una negra señora,
un negro galán doliente
negras lágrimas derrama
de un negro pecho que tiene.

Háblóle una negra noche,
y tan negra, que parece
que de su negra pasión
el negro luto le viene.

Lleva una negra guitarra,
negras las cuerdas y verdes,

negras también las clavijas,
por ser negro el que las tuerce.

"Negras pascuas me dé Dios,
si más negro no me tienen
los negros amores tuyos
que el negro de allende.

Un negro favor te pido,
si negros favores vendes,
y si con favores negros
un negro pagarse debe."

La negra señora, entonces,
enfadada del negrete,
con estas negras razones
al galán negro entristece:
"Vaya muy en hora negra
el negro que tal pretende,
pues para galanes negros
se hicieron negros desdenes."

El negro señor entonces,
no queriendo ennegrecerse
más de lo negro, quitóse
el negro sombrero y fuese.

CANCIÓN

¡Oh libertad preciosa,
no comparada al oro,
ni al bien mayor de la espaciosa Tierra,
más rica y más gozosa
que el precioso tesoro

que el mar del sur entre su nácar cierra;
con armas, sangre y guerra,
con las vidas y famas,
conquistada en el mundo;
paz dulce, amor profundo,
que el mar apartas y a tu bien nos llamas;
en ti sola se anida
oro, tesoro, paz, bien, gloria y vida!

Cuando de las humanas
tienebas vie el cielo
la luz, principio de mis dulces días,
aquellas tres hermanas
que nuestro humano velo
texiendo, llevan por inciertas vías,
las duras penas mías
trocaron en la gloria
que en libertad poseo,
con siempre igual deseo,
donde verá por mi dichosa historia
quien más leyere en ella
que es la dulce libertad lo menos della.

Yo, pues, señor extento
desta montaña y prado,
gozo la gloria y libertad que tengo.

Soberbio pensamiento
jamás ha derribado
la vida pobre y humilde que sostengo.
Cuando a las manos vengo
con el muchacho ciego,
haciendo rostro embisto,
venzo, triunfo y resisto
la flecha, el arco, la ponzoña, el fuego,

y con libre albedrío
lloro el ajeno mal y canto el mío.

Cuando la aurora baña
con helado rocío
de aljófar celestial el monte y prado,
salgo de mi cabaña,
riberas de este río,
a dar el nuevo pasto a mi ganado,
y cuando el sol dorado
muestra sus fuerzas graves
al sueño el pecho inclino
debaxo de un sauce o pino
oyendo el son de las parleras aves
o ya gozando el aura
donde el perdido aliento se restaura.

Cuando la noche oscura
con su estrellano manto
el claro día en su tiniebla encierra,
y suena en la espesura
el tenebroso canto
de los nocturnos hijos de la tierra,
al pie de aquesta sierra
con rústicas palabras
mi ganadillo cuento
y el corazón contento
del gobierno de ovejas y de cabras,
la temerosa cuenta
del cuidadoso rey me representa.

Aquí la verde para
con la manzana hermosa,
de gualda y roja sangre matizada,
y de color de rosa

la cermeña olorosa
tengo, y la endrina de color morada;
aquí de la enramada
parra que al olmo enlaza,
melosas uvas cojo,
y en cantidad recojo,
al tiempo que las ramas desenlaza
el caluroso estío,
membrillos que coronan este río.

No me da descontento
el hábito costoso
que de lascivo el pecho noble infama;
es mi dulce sustento
del campo generoso
estas silvestres frutas que derrama;
mi regalada cama,
de blandas pieles y hojas,
que algún rey la envidiara,
y de ti, fuente clara,
que, bullendo, el arena y aguas arrojas,
estos cristales puros,
sustentos pobres, pero bien seguros.

Estése el cortesano
procurando a su gusto
la blanda cama y el mejor sustento;
bese la ingrato mano
del poderoso injusto,
formando torre de esperanza al viento;
viva y muera sediento
por el honroso oficio,
y goce yo del suelo,
al aire, al sol y al hielo,
ocupando en mi rústico ejercicio;

que más vale pobreza
en paz que en guerra mísera riqueza.

Ni temo al poderoso
ni al rico lisonjero,
ni soy camaleón del que gobierna,
ni me tiene envidioso
la ambición y el deso
der ajena gloria ni de fama eterna;
carne sabrosa y tierna,
vino aromatizado,
pan blanco de aquel día,
en prado, en fuente fría,
halla un pastor con hambre fatigado,
que el grande y el pequeño
somos iguales lo que dura el sueño.

DON JUAN COLOMA
(1586-1587)

No deseó jamás la clara fuente
el ciervo con la flecha atravesado,
nunca la dulce patria el desterrado
lo que mi alma ser a vos presente.

Sostuvo la esperanza en su accidente
mi vida y en palabras la [ha] llevado;
mas ya no puedo ser más engañado,
que el tiempo me lo muestra claramente.

Y ansí, si la esperanza ya vencida
presume levantarme deste suelo,
comigo torna a dar mayor caída,

y queda ya con solo este consuelo
que os ha de ver el alma dolorida,
pues no ha de ser eterno el mortal velo.

JUAN DE ARGUIJO
(1567-1623)

A FAETÓN

Pudo quitarte el nuevo atrevimiento,
bello hijo del Sol, la dulce vida;
la memoria no pudo, que extendida
dejó la fama de tan alto intento.

Glorioso aunque infelice pensamiento
desculpó la carrera mal regida;
y del paterno carro la caída
subió tu nombre a más ilustre asiento.

En tal demanda al mundo aseguraste
que de Apolo eras hijo, pues pudiste
alcanzar dél la empresa a que aspiraste.

Término ponga a su lamento triste
Climene, si la gloria que ganaste
excede al bien que por osar perdiste.

A NARCISO

Crece al insano ardor, crece el engaño
del que en las aguas vio su imagen bella;

y él, sola causa en su mortal querella,
busca el remedio y acrecienta el daño.

Vuelve a verse en la fuente, ¡caso extraño!;
del agua sale el fuego; mas en ella
templarlo piensa, y la enemiga estrella
sus ojos cierra al fácil desengaño.

Fallecieron las fuerzas y el sentido
al ciego amante amado, que a su suerte
la costosa beldad cayó rendida.

Y ahora, en flor purpúrea convertido,
l'agua, que fue principio de su muerte,
hace que crezca, y prueba a darle vida.

A ARIÓN, MÚSICO

Mientras llevado de un delfín piadoso
corta Arïón el mar, suspende el viento,
y las aguas enfrena el blando acento
de la cítara y canto artificioso,

las Nereidas, dejando el espumoso
albergue, al dulce son de su instrumento,
tejen en concertado movimiento
festivo coro en el teatro ondoso.

Tetis, Nereo y Doris con espanto
oyeron su armonía. Ni faltaste,
grande Neptuno, y tú, Glauco, saliste.

¡Oh fuerza ilustre del suave canto,
si la fiera codicia no ablandaste,
ondas, vientos, delfín, dioses venciste!

BERNARDO DE BALBUENA
(1568-1627)

EL HABLA DE LAS COSAS

Todas las cosas que en el mundo vemos,
cuantas se alegran con la luz del día,
aunque de sus lenguajes carecemos,
su habla tienen, trato y compañía;
si sus conversaciones no entendemos
ni sus voces se sienten cual la mía,
es por tener los hombres impedidos
a coloquios tan graves los oídos.

¿Quién publica a las próvidas abejas
sus sabios aranceles y ordenanzas,
y a quién el suiseñor envía sus quejas
si siente al cazador las asechazas?
¿Quién en las grullas dice y las cornejas
de los tiempos del mundo las mudanzas?
Y al prado que florece más temprano,
¿quién le avisa que viene ya el verano?

¿Quién, si no estos lenguajes que, escondidos,
no de todas orejas son hallados?
Mas de sus sordas voces los ruidos
los raros hombres a quien dan cuidados
tan absortos los traen, tan divertidos

y en tan nuevas historias ocupados,
que es fuerza en esto confundirse todos
en varios casos por diversos modos.

   Créese que del ruido que las cosas
unas con otras hacen murmurando,
de su armonía y voces deleitosas,
las suspensiones dan de cuando en cuando;
que en su canto y palabras poderosas
así el seso se va desengarzando,
que el de más grave precio se alborota
y el saber de mayor caudal se agota.

   De esto a veces se engendra la locura
y las respuestas sin concierto dadas,
sin traza al parecer, sin coyuntura,
ni ver cómo ni a quién encaminadas;
los árboles, los campos, su frescura,
las fuentes y las cuevas más calladas,
a quien llega a sentir por este modo
todo le habla, y él responde a todo.

   Y el no entender ni oír este lenguaje
con que el mundo se trata y comunica
—y a su Criador en feudo y vasallaje
eternos cantos de loor publica—,
la ocasión cuentan que es cierto brevaje
—que el engaño en naciendo nos aplica—
de groseras raíces de la tierra,
que el seso embota y el sentido cierra.

   Mas aquel que, por suerte venturosa
y favorable rayo de su estrella,
la voz de esta armonía milagrosa
libre de imperfección llega a entendella,
al cuerpo la halla y alma tan sabrosa
que —a todas horas ocupado en ella—
a sólo su feliz deleite vive
y de otra cosa en nada le recibe.

RODRIGO CARO
(1573-1659)

CANCIÓN

Estos, Fabio, ¡ay dolor!, que ves ahora
campos de soledad, mustio collado,
fueron un tiempo Itálica famosa.
Aquí de Cipïón la vencedora
colonia fue. Por tierra derribado
yace el temido honor de la espantosa
muralla, y lastimosa
reliquia es solamente.
De su invencible gente
sólo quedan memorias funerales,
donde erraron ya sombras de alto ejemplo.
Este llano fue plaza; allí fue templo;
de todo apenas quedan las señales.
Del gimnasio y las termas regaladas
leves vuelan cenizas desdichadas;
las torres que desprecio al aire fueron
a su gran pesadumbre se rindieron.
Este despedazado anfiteatro,
impío honor de los dioses, cuya afrenta
publica el amarillo jaramago,
ya reducido a trágico teatro,

¡oh fábula del tiempo!, representa
cuánta fue su grandeza y es su estrago.
¿Cómo en el cerco vago
de su desierta arena
el gran pueblo no suena?
¿Dónde, pues fieras hay, está el desnudo
luchador? ¿Dónde está el atleta fuerte?
Todo despareció: cambió la suerte
voces alegres en silencio mudo;
mas aun el tiempo da en estos despojos
espectáculos fieros a los ojos,
y miran tan confusos lo presente,
que voces de dolor el alma siente.
    Aquí nació aquel rayo de la guerra,
gran padre de la patria, honor de España,
pío, felice, triunfador Trajano,
ante quien muda se postró la tierra
que ve del sol la cuna, y la que baña
el mar también vencido gaditano.
Aquí de Elio Adrïano,
de Teodosio divino,
de Silio peregrino
rodaron de marfil y oro las cunas.
Aquí ya de laurel, ya de jazmines
coronados los vieron los jardines
que ahora son zarzales y lagunas.
La casa para el César fabricada,
¡ay!, yace de lagartos vil morada.
Casas, jardines, césares murieron,
y aun las piedras que de ellos se escribieron.
    Fabio, si tú no lloras, pon atenta
la vista en luengas calles destruidas,
mira mármoles y arcos destrozados,
mira estatuas soberbias, que violenta
Némesis derribó, yacer tendidas,
y ya en alto silencio sepultados

173

sus dueños celebrados.
Así a Troya figuro,
así a su antiguo muro,
y a ti, Roma, a quien queda el nombre apenas,
¡oh patria de los dioses y los reyes!
Y a ti, a quien no valieron justas leyes,
fábrica de Minerva sabia Atenas,
emulación ayer de las edades,
hoy cenizas, hoy vastas soledades:
que no os respetó el hado, no la muerte,
¡ay!, ni por sabia a ti, ni a ti por fuerte.
    Mas, ¿para qué la mente se derrama
en buscar el dolor nuevo argumento?
Basta ejemplo menor, basta el presente:
que aun se ve el humo aquí, aun se ve la llama,
aun se oyen llantos hoy, hoy ronco acento.
Tal genio o religión fuerza la mente
de la vecina gente
que refiere admirada
que en la noche callada
una voz triste se oye que llorando
"Cayó Itálica", dice, y lastimosa
Eco reclama "Itálica" en la hojosa
selva que se le opone, resonando
"Itálica", y el caro nombre oído
de Itálica, renuevan el gemido
mil sombras nobles en su gran ruina.
¡Tanto aun la plebe a sentimiento inclina!
    Esta corta piedad que, agradecido
huésped, a tus sagrados manes debo,
les dó y consagro, Itálica famosa.
Tú (si lloroso don han admitido
las ingratas cenizas de que llevo
dulce noticia asaz, si lastimosa)
permíteme, piadosa
usura a tierno llanto,

que vea el cuerpo santo
de Geroncio, tu mártir y prelado.
Muestra de su sepulcro algunas señas
y cavaré con lágrimas las peñas
que ocultan su sarcófago sagrado.
Pero mal pido el único consuelo
de todo el bien que airado quitó el cielo.
¡Goza en las tuyas sus reliquias bellas
para invidia del mundo y las estrellas!

DON FRANCISCO DE BORJA
(Príncipe de Esquilache)
(1577-1658)

A SEVILLA LA VIEJA

Destos campos, que visten rubias mieses,
Itálica es aquel, éste sus muros,
que entre el arado vil no están seguros
de la violenta mano de los meses.

La que de aceros, flechas y paveses
ceñidos vio sus homenajes duros,
aún hoy del Betis los cristales puros
ni la respetan mansos ni corteses.

Deshecha yace en dudas y opiniones
si fue otro tiempo Itálica gloriosa,
que honraron tantos triunfos y blasones.

¡Oh fuerza de los años poderosa!
Pues muros y arcos en olvido pones,
¿qué harás de Silvia solamente hermosa?

***

No son mis años hoy; mis años fueron
mostrando en el discurso que llevaron
que para mi dolor presos quedaron
y para mi quietud libres huyeron.

¿Cómo podré negar que se perdieron,
si cuando los busqué no se cobraron?
Y aunque las penas en mi edad dejaron,
ni un paso atrás, por más que insté, volvieron.

La osada vida que sus flechas siente,
cuando unas hieren y otras se despuntan,
el riesgo sí, mas no el temor consiente.

Que puedo a todos resistir barrunta,
y es cierto que me tienen por valiente,
pues tantos años contra mí se juntan.

FRANCISCO DE QUEVEDO Y VILLEGAS
(1580-1645)

ROSAL, MENOS PRESUNCIÓN

Rosal, menos presunción,
donde están las clavellinas,
pues serán mañana espinas
las que agora rosas son.

¿De qué sirve presumir,
rosal, de buen parecer,
si aun no acabas de nacer
cuando empiezas a morir?
Hace llorar y reír
vivo y muerto tu arrebol,
en un día o en un sol;
desde el oriente al ocaso
va tu hermosura en un paso,
y en menos tu perfección.

Rosal, menos presunción,
donde están las clavellinas,
pues serán mañana espinas
las que agora rosas son.

No es muy grande la ventaja
que tu calidad mejora:
si es tu mantilla la aurora,
es la noche tu mortaja:
no hay florecilla tan baja
que no te alcance de días,
y de tus caballerías,
por descendiente del alba,
se están riyendo la malva,
caballera de un terrón.

Rosal, menos presunción,
donde están las clavellinas,
pues serán mañana espinas
las que agora rosas son.

FRANCISCO DE RIOJA
(1583-1659)

A LA ROSA AMARILLA

¿Cuál suprema piedad, rosa divina,
de alta belleza transformó colores
en tu flor peregrina
teñida del color de los amores?
Cuando en ti floreció el aliento humano,
sin duda fue soberbio amante y necio,
cuidado tuyo y llama,
y tú, descuido suyo y su desprecio,
diste voces al aire, fiel en vano.
¡Oh triste, y cuántas veces
y cuántas, ¡ay!, tu lengua enmudecieron
lágrimas que copiosas la ciñeron!
    Mas tal hubo deidad que conmovida
(fuese al rigor del amoroso fuego,
o al pío afecto del humilde ruego)
borró tus luces bellas,
y apagó de tu incendio las centellas.
    Desvaneció la púrpura y la nieve
de tu belleza pura,
en corteza y en hojas y astil breve.
El oro solamente,

que en crespos lazos coronó tu frente,
en igual copia dura,
sombra de la belleza
que pródiga te dio naturaleza;
para que seas, oh flor resplandeciente,
ejemplo eterno y solo de amadores,
sola, eterna, amarilla entre las flores.

TIRSO DE MOLINA
(1570?-1648)

¡Bosques de Cataluña, inaccesibles,
que ejemplos estáis dando a la firmeza,
pues sin volar jamás, os sobran alas!
¡Amantes que ostentáis al viento galas,
ya bizarros, el mayo, y apacibles,
ya al enero imitando la aspereza!
Yo sé que la belleza
del sol os da desvelos,
que amor os da desvelos,
que amor os viste, y os desnudan celos,
y porque no dé besos a la flores
con labios de esplendores,
juntáis ramos distintos,
y en el aire tejiendo laberintos,
del prado que matiza, emuladores,
sus celosías sois todos los días:
¡que celos inventaron celosías!
¡Animados del aire ramilletes,
cuando de rosas no, de plumas ricos!
¡Huéspedes de los árboles eternos
que la posada entre pimpollos tiernos
les pagáis, ya con alas, ya con picos!
Cuando en sus hojas componéis motetes,

si les cantáis falsetes,
yo sé que estáis celosos:
que celos, ya son falsos, y engañosos.
Testigos, los armónicos agravios,
que multiplican picos, sino labios,
las vueltas vigilantes,
que dáis a vuestros nidos por instantes,
del adúltero temor alcaides sabios,
porque amor al cuidado corresponda:
¡qué celos tiene quien su casa ronda!

   ¡Juguetes de la tiera, flores bellas
que en la niñez del año bastidores
os labra Flora, y el abril matiza
si aromas en vosotras sutiliza,
y al globo de zafir, al sol y estrellas
en número imitáis como en colores!
Yo sé que en los amores
de la madrugadora
por veros afeitar rosada Aurora,
si desperdicia perlas,
celosas competís, y por cogerlas,
ya cándidas, ya rojas,
Briareos de amor desplegáis hojas,
si fuistéis linces Argos para verlas
cambiantes ostentando en su presencia:
¡que celos no son más que compentencia!

   ¡Fuentes siempre lascivas cuando puras,
que ya oblicuas, ya rectas, arrastrando,
el sol, tal vez, por enredar, desata
virillas tersas de bruñida plata
que adornan de ataujía las pinturas
con que Flora tabíes va pisando,
vida a las plantas dando
vegetales impulsos
arterias sois del prado, todas pulsos!
Mas yo sé que los celos,

si el amor os derrite os vuelven hielos;
que quien ama y murmura
no tiene su esperanza por segura,
ni desmentís, porque os riáis, desvelos,
pues el amor riendo nos avisa
que celos llanto son, si amor es risa.
　　¡Plantas, pues, aves, fuentes, si suaves
os vivifica amor, celos maltratan
y en contaros mi pena os entretengo!
¡Enamorado estoy, con celos vengo,
y imitando las plantas, fuentes y aves,
vida el favor me da, sospechas mantan,
esperanzas dilatan
lo que el recelo hiela!
¡Celoso enamorado estoy de Estela!
¡Terrible contrapeso
que éstos quiten la vida, aquél el seso,
y aunque los dos pelean,
hermanos del amor los celos sean,
viviendo el corazón entre ellos preso!
Mas, pues amáis, ¡sufrid, mis pensamientos!
¡Que celos, del amor son alimentos!

ÍNDICE

185

186